UAU!

COMO CAUSAR UMA ÓTIMA IMPRESSÃO

FRANCES COLE JONES

UAU!

COMO CAUSAR UMA ÓTIMA IMPRESSÃO

ESTRATÉGIAS EFICIENTES PARA APRESENTAR SUAS IDEIAS, CONQUISTAR O PÚBLICO E MELHORAR SUA IMAGEM

SEXTANTE

Título original: *How to Wow*

Publicado em acordo com Ballantine Books, um selo do Random House Publishing Group, uma divisão da Random House, Inc.

tradução
Paulo Polzonoff Jr.

preparo de originais
Melissa Lopes Leite

revisão
Ana Julia Cury, Cristhiane Ruiz e Tereza da Rocha

projeto gráfico e diagramação
Abreu's System

capa
Marcelo Pereira / Tecnopop

impressão e acabamento
Lis Gráfica e Editora Ltda.

CIP-Brasil. Catalogação na fonte.
Sindicato Nacional dos Editores de Livros, RJ.

J67u Jones, Frances Cole
Uau! Como causar uma ótima impressão / Frances Cole Jones [tradução de Paulo Polzonoff Jr.]. Rio de Janeiro: Sextante, 2010.

Tradução de: How to wow
Inclui bibliografia
ISBN 978-85-7542-572-5

1. Comunicação empresarial. 2. Apresentações empresariais. 3. Autoprojeção. 4. Interação social. 5. Relações humanas. I. Título.

10-2245 CDD: 658.45
CDU: 005.57

GMT Editores Ltda.
Rua Voluntários da Pátria, 45/1.404 – Botafogo
22270-000 – Rio de Janeiro – RJ
Tel.: (21) 2538-4100 – Fax: (21) 2286-9244
E-mail: atendimento@esextante.com.br
www.sextante.com.br

Este livro é dedicado a
Sri K. Pattabhi Jois,
com gratidão e alegria.

E à minha família,
com muito amor.

Sumário

Introdução

Quantas vezes você já saiu de uma entrevista, reunião ou apresentação achando que foi muito bem-sucedido e descobriu mais tarde que não conseguiu o emprego, o cliente ou a aprovação para o projeto?

Por outro lado, quantas vezes você se sentiu incomodado ao sair dessas mesmas situações, pensando coisas do tipo "Se eu tivesse me comportado de outra maneira... dito outra coisa... dado outra impressão..."?

Para mim, não há nada pior do que isso.

Hoje, no mundo veloz em que vivemos, essa preocupação de causar uma boa impressão é ainda maior sobretudo porque raramente estamos de folga. Alguns minutos no elevador com o presidente da empresa se transformam numa apresentação improvisada, o almoço se torna uma entrevista de emprego, a conversa numa festa lança a base para uma sociedade.

E se eu lhe disser que você pode ter um controle muito maior do que imagina sobre a impressão que causa? Que há estratégias comprovadas para deixar sua plateia, seu entrevistador ou qualquer pessoa que você pretenda impressionar pensando "Aí está alguém com quem eu gostaria de trabalhar"?

O nome da minha empresa é Cole Media Management e sou contratada diariamente por indivíduos e organizações com o objetivo de ensinar essas valiosas estratégias a empresários, executivos e profissionais das mais diversas áreas de atuação.

Nessa função, conquistei centenas de clientes ao longo dos anos e tive a oportunidade de prepará-los para várias situações, de entrevistas de emprego a reuniões de vendas, de participações em programas de televisão a lançamentos de ações na Bolsa.

É claro que um cliente é diferente do outro e cada caso é um caso, mas tenho certeza de que muitas dessas estratégias se aplicam à sua realidade. Se você não está provocando a reação esperada nas pessoas, precisa analisar sua mensagem e também a maneira *como* a transmite. Em geral, com pequenos ajustes, pode-se transformar um chute na trave num golaço, ou seja, uma apresentação "legalzinha" numa que deixa a plateia de queixo caído, ou uma reunião medíocre numa que entusiasma cada um dos participantes.

É fundamental saber que, quando você quer criar uma boa impressão, nenhum detalhe é insignificante, nenhuma preparação é excessiva, nenhuma escolha é irrelevante. A roupa que você veste, sua posição à mesa, o e-mail que escreve, tudo deve ser cuidadosamente avaliado e, em última análise, passar a imagem de alguém calmo, confiante e no controle da situação.

Os capítulos de *Uau! Como causar uma ótima impressão* são subdivididos em tópicos de uma ou duas páginas, a fim de que você localize facilmente as informações de que precisa na sua situação – reunião, almoço, entrevista de emprego, discurso, apresentação de slides, etc. – e faça uso das ideias mais proveitosas, passando a se beneficiar delas de imediato.

Este livro não requer uma leitura linear, pois acredito que, assim como meus clientes, cada leitor possui um conjunto único de atributos e circunstâncias especiais e é perfeitamente capaz de reconhecer o que será mais útil no seu caso e em determinado momento.

Você saberá que a mudança de comportamento foi bem-sucedida quando começar a questionar suas próprias dúvidas e ganhar autoconfiança. Aí, então, estará livre para se entusiasmar, assumir compromissos e agir com autenticidade. Livre para dar o seu melhor e ser você mesmo – porque é nessas horas que você mais impressiona.

CAPÍTULO 1

Princípios gerais indiscutíveis

Comecei a me apresentar às pessoas muito cedo e, se bem me lembro, de modo relutante.

Quando meus irmãos e eu tínhamos entre 3 e 6 anos e era dia de festa lá em casa, meu pai nos enfileirava na sala de estar para praticarmos os apertos de mãos com ele antes da chegada dos convidados. (Não deixávamos nada a dever à família Von Trapp, de *A noviça rebelde*.) Ainda me lembro de meu pai na minha frente, balançando minha mão para cima e para baixo, dizendo: "Olhe nos meus olhos. Olhe nos meus olhos. Olhe nos meus olhos..."

Embora eu não gostasse dessas sessões de apresentações pessoais, o efeito delas em mim foi benéfico. Até hoje tenho um bom aperto de mão e certamente olho as pessoas nos olhos quando as cumprimento.

Assim como olhar o outro nos olhos, há certos elementos no que diz respeito a se apresentar que são indiscutíveis. Não importa qual seja a situação, esses princípios gerais são necessários para quem quer causar uma boa impressão, forte e duradoura, quer esteja se apresentando a uma ou a centenas de pessoas – num almoço, ao telefone, por meio de um discurso ou de uma apresentação com slides. Se você conseguir incorporá-los à sua comunicação e às suas interações no dia a dia, garantirá resultados positivos e instantâneos, obtendo ótimas reações daqueles ao seu redor.

Para quem gosta de estatísticas

Os números a seguir, extraídos de um estudo feito por Albert Mehrabian, professor emérito de psicologia na UCLA (Universidade da Califórnia, em Los Angeles), estão entre os primeiros tópicos de minhas conversas com um cliente novo. A "Regra dos 7%, 38% e 55%" afirma que toda comunicação direta envolve três elementos – palavras, tom de voz e linguagem corporal – que nos afetam do seguinte modo:

- 7% da influência que exercemos está nas palavras que proferimos;
- 38% da influência está no tom de voz;
- 55%, no que nosso corpo faz enquanto falamos.

O que isso significa? Em geral pensamos que a apresentação e a comunicação estão relacionadas apenas às palavras enunciadas. Na verdade, quase sempre têm muito mais a ver com a maneira *como* nos expressamos e com o que nosso corpo faz *enquanto* falamos.

Por exemplo: todos já fomos apresentados a uma pessoa que diz "Prazer em conhecê-lo" com a mão frouxa, um sorriso protocolar e olhando por cima do nosso ombro, para ver se alguém mais interessante está entrando na sala. Compare isso com a sensação de conhecer alguém que demonstra estar verdadeiramente feliz em vê-lo. São as mesmas palavras, mas a mensagem é bem diferente.

Para passar a melhor impressão, é essencial que você reflita sobre o impacto global da sua mensagem, ou seja, entenda a importância de observar todos os aspectos do seu estilo de apresentação. Para começar:

- Saber que as pessoas costumam se lembrar de apenas 7% do que você diz fará com que opte por uma linguagem precisa, interessante e enxuta.

- Saber que 38% do impacto que você causa vem do seu tom de voz servirá para reforçar a importância de adequá-lo à mensagem. Determine o seu objetivo – impor sua autoridade, mostrar controle, ser persuasivo, divertir, etc. – e estabeleça o tom mais apropriado.
- Saber que 55% do impacto que você causa vem do que seu corpo está fazendo enquanto você fala irá estimulá-lo a prestar atenção em como expressar mais comprometimento e entusiasmo por meio de suas expressões faciais, sua postura e seus gestos.

Ao decompor assim sua mensagem, fica mais fácil entender o que é necessário fazer para prender a atenção do seu interlocutor. Pergunte a si mesmo:

- Minha linguagem é fraca?
- Pareço feliz quando estou dando uma notícia boa e sinceramente triste quando peço desculpas?
- Uma pessoa que passasse por mim enquanto falo e não pudesse me escutar teria como saber se estou entusiasmado ou confiante apenas pela minha linguagem corporal?

O primeiro passo para dar início a uma transformação eficiente é ter consciência do que se quer mudar. Agora que você tem uma noção melhor dos fatores que estão em jogo quando se apresenta a alguém, pode começar a analisar e escolher, reforçar ou minimizar e dar prioridade ou não a qualquer um dos elementos, a fim de alcançar os resultados que deseja.

Conte uma história

Quando éramos crianças, conhecíamos bem o poder das histórias e a capacidade que elas têm de nos transportar para outro tempo e lugar. Hoje testemunhamos esse poder quando estamos entretidos com um livro ou um filme. Ao usarmos histórias nas nossas apresentações, causamos o mesmo efeito em nossos interlocutores, com a vantagem de ajudá-los a se lembrarem e se identificarem com a mensagem que pretendemos passar.

Duas das perguntas mais frequentes que ouço de novos clientes são "Como me livrar de marcadores de discurso como 'hã' e 'né'?" e "O que devo fazer com minhas mãos?". O uso de histórias resolve ambos os problemas. Pense nisto: qual foi a última vez que você parou para contar ao seu melhor amigo ou a um colega de trabalho um problema com sua esposa ou seu chefe e ficou usando "hã" e "né" e, ao mesmo tempo, se preocupou com o movimento das mãos? Isso simplesmente não acontece.

É importante lembrar, nesse sentido, que a história não precisa ser longa para ser eficiente. Mas como encontrar uma história curta que o torne inesquecível? A maneira mais rápida é falar por experiência própria, usando exemplos vivos e emocionantes, e, ao mesmo tempo, levar em consideração o histórico, a situação e a opinião do seu interlocutor. Pergunte a si mesmo: "Por que me importo com isso?" Depois pergunte-se: "Por que eles deveriam se importar?" Assim que você tiver as respostas a essas perguntas, terá uma grande história.

"Meu nome é Bond"

De vez em quando, ministro seminários sobre técnicas de apresentação para funcionários recém-contratados de grandes empresas. Inevitavelmente, em algum momento ouço o seguinte comentário:

– Sim, mas quase sempre só o que conseguimos dizer nas reuniões é o nosso nome.

– *Só*? – indaguei.

Dizer seu nome nunca é irrelevante. Apresentar-se é uma oportunidade.

Não consigo pensar num exemplo melhor disso do que "Meu nome é Bond. James Bond". A frase pode ser enunciada por Roger Moore, Sean Connery ou Daniel Craig, mas, quando isso acontece, o que ouvimos é um mundo de possibilidades.

Desse modo, sempre que você se apresentar, precisa fazê-lo com a mesma segurança, para que seu interlocutor memorize o seu nome e suas feições, diferencie-o das demais pessoas e fique tão impressionado que sinta vontade de conhecê-lo melhor.

Por isso, quando estiver numa reunião da diretoria da empresa, num encontro da associação de pais e mestres ou cumprimentando alguém no elevador, dê ao seu nome um tratamento VIP. Torne-o marcante para as pessoas à sua volta, despertando o interesse delas para as possibilidades e oportunidades que você poderá propiciar para quem o conhecer melhor.

Adjetivos inúteis são simplesmente inúteis

"Ótimo, impressionante, incrível, muito legal..."

Você é capaz de dizer se a pessoa que empregou essas palavras foi seu chefe falando do hotel em que ficou hospedado, seu colega lhe contando do carro zero que comprou ou seu filho adolescente descrevendo o novo celular que quer ganhar de presente?

Não.

Seu interlocutor só vai acreditar que sua experiência, produto ou talento são mesmo excelentes se você explicar *por quê*. E não basta responder às perguntas-padrão dos jornalistas: o que, quem, onde, quando e por quê. É preciso saber: o que viu? Ouviu? Tocou? Saboreou? Cheirou? Como se sentiu? O que isso o fez lembrar?

Um bom exemplo disso pode ser visto nos programas de culinária na TV. Como não podemos sentir o cheiro nem o sabor da comida, os chefs precisam descrever essas características em detalhes. "O cheiro desses biscoitos me lembra de quando eu me sentava no terraço da casa da minha avó e ficava vendo a roupa secar no varal..."

Assim como muitas outras coisas, trata-se de uma habilidade que melhora com a prática. No começo, você perceberá apenas que se recorre muito a adjetivos banais como "ótimo", "impressionante" e "incrível".

Depois de passar algum tempo observando as pessoas, você vai começar a prestar atenção em seus próprios hábitos. Como foi seu dia? Que tal esse sanduíche? O que achou do filme? Peça que seus amigos o desafiem. Você é capaz de responder a essas perguntas sem usar um único adjetivo inútil? Experimente e descubra como é divertido – seus amigos vão começar a se referir a você como um exímio contador de histórias.

O importantíssimo diafragma

Embora essa dica seja útil para ambos os sexos, ela é ainda mais importante para as mulheres, que têm uma voz mais aguda e, em consequência, menos impositiva.

Para tornar sua voz mais grave, ou menos nasalada, fale usando o diafragma. O que isso significa? Ou melhor, como isso soa?

Quando você fala usando o diafragma, seu abdômen se move para fora e para dentro, acompanhando o movimento do seu diafragma. Um jeito simples de verificar se isso está acontecendo é colocar a mão na barriga enquanto você fala. Se ela não estiver se movendo, é sinal de que você não está usando seu diafragma.

Como fazer isso? Uma maneira fácil é se deitar no chão, colocar uma lista telefônica sobre a barriga e inspirar e expirar o mais fundo que puder. Você deve ver a lista telefônica subindo e descendo... bem. Se isso não acontecer, continue respirando fundo. Pode levar um ou dois minutos, já que muita gente realiza uma respiração superficial.

Quando tiver regulado sua respiração, levante-se, coloque a mão na barriga e diga algumas frases para praticar. O resultado é imediato. Seu corpo manterá naturalmente a respiração diafragmática por mais ou menos um minuto e sua voz ganhará uma ressonância agradável.

Agora que você entende a diferença que isso faz, adquira o hábito de repetir o exercício caso note que seu abdômen não está se movendo. Isso não significa ter que andar com uma lista telefônica debaixo do braço – simplesmente mantenha a mão sobre a barriga e respire profundamente até que sua mão se movimente para a frente e para trás, de acordo com a sua respiração. Com o tempo, isso se torna mais natural e você vai se sentir desconfortável falando de outro modo.

Além disso, ao usar o diafragma você estará acalmando seu sistema nervoso, fortalecendo seu sistema respiratório e se livrando do estresse e das toxinas, ao mesmo tempo que se mostra imperturbável.

"Você é um cachorro muito malvado..."

Imagino que muitas pessoas já passaram pela experiência de ter o cachorro de um amigo pulando sobre suas pernas enquanto o dono diz carinhosamente: "Ah, cachorro levado... Você é o pior cachorro do mundo!"

Será que o cachorro sabe que está sendo inconveniente? Claro que não. O problema é que o tom de voz e as palavras não combinam.

Tenho outros exemplos que não envolvem cães.

Um orador vai até o palco e declara "Estou muito feliz por estar aqui hoje" enquanto organiza suas anotações, ajusta o microfone e ajeita a gravata, parecendo qualquer coisa, menos feliz.

Numa festa, você é apresentado a alguém que diz "Prazer em conhecê-lo" ao mesmo tempo que olha por sobre seu ombro para ver se há alguém atrás com quem prefira falar.

Sua mulher repete "Também te amo, querido..." sem tirar os olhos do jornal.

A questão é a seguinte: você precisa estar feliz quando diz que está feliz. Se se sente bem por estar em determinado lugar, demonstre isso. Seus olhos devem transmitir esse sentimento. Seu corpo tem que transmitir felicidade. Se alguém na plateia não conseguir ouvi-lo, ainda assim deve saber o que você está expressando. Se, ao ser apresentado a alguém, você disser "Prazer em conhecê-lo", é importante que faça a pessoa acreditar que realmente gostou de conhecê-la. E ao declarar seu amor a alguém, vai querer que a pessoa passe o resto do dia se sentindo radiante.

O que acontece quando suas palavras não combinam com a forma como você as expressa? Bem, dependendo do seu tom de voz, você pode acabar sendo tachado de qualquer coisa que a imaginação permita: nervoso, egocêntrico, arrogante, mentiroso, etc. E nenhuma dessas alternativas causa uma impressão favorável.

Não estou dizendo que seja fácil causar entusiasmo todas as vezes que você é apresentado a alguém. Mas o fato é que isso faz diferença e pode torná-lo marcante. Além do mais, como disse Aristóteles, "Somos aquilo que fazemos repetidamente. A excelência, então, não é um modo de agir, e sim um hábito". O hábito de dar toda a atenção às palavras que saem da sua boca, personificando-as para seu interlocutor, fará com que você esteja preparado para as situações em que haja muita coisa em jogo, como um encontro com seu chefe, um investidor ou um parceiro em potencial.

Suas palavras mais persuasivas

Em 1970, a Universidade Yale fez um estudo para identificar as palavras mais persuasivas da língua inglesa. A conclusão a que chegaram foi que a palavra mais persuasiva é *you*, ou seja, "você". Isso se explica pelo fato de que todos nós gostamos de ser reconhecidos e admirados, adoramos saber que somos levados em consideração.

Quando trabalho com meus clientes, eu os aconselho a formular suas respostas levando em conta os interesses da plateia – "O que vocês vão ganhar com isso?" – e a usar a palavra "você" várias vezes.

Eis um exemplo: eu estava trabalhando num lançamento de ações no México e meu cliente dizia em sua apresentação: "E a clientela mexicana pode usar esta tecnologia para fazer X, Y, Z..."

Quem? Ninguém pensa em si mesmo na terceira pessoa. (Exceto, talvez, alguns jogadores de futebol.)

Pedi ao meu cliente que mudasse seu discurso para: "E vocês podem usar esta tecnologia para..."

Ah! Eu? *Eu* posso? *Agora* estou interessado.

Percebe a diferença?

E quais são as outras 11 palavras mais persuasivas segundo o estudo?

2. dinheiro
3. economizar
4. novo
5. resultado
6. saúde
7. fácil
8. segurança
9. amor
10. descoberta
11. comprovado
12. garantia

Com que roupa eu vou?

Muita gente hesita diante dessa pergunta e leva um bom tempo procurando a resposta. Quando você tem que participar de uma reunião importante ou de uma apresentação, ir ao fórum ou a uma festa cujo convite traz a informação "traje informal", pode se sentir perdido na hora de escolher a roupa apropriada. Existem vários livros e revistas dedicados a esse tema, porém, meu objetivo aqui é apenas estabelecer alguns parâmetros, de modo que você possa se sentir confiante e à vontade em qualquer situação.

Em todas as ocasiões, considere o traje mais provável de seu anfitrião, o horário da festa e a sua intenção ao usar a roupa que escolher: sugerir segurança, impressionar ou passar a ideia de confiança, etc.

Recentemente, por exemplo, tive que comparecer a duas reuniões bem diferentes no mesmo dia. Pela manhã eu me reuniria com uma agência estatal que pretendia criar um protocolo de segurança com o objetivo de aumentar a transparência com o público. Para esse compromisso, usei calça comprida, uma camisa de botões, sapatos baixos e uma bolsa sóbria. Minha intenção era assegurar àquelas pessoas que eu compreendia qual era o público delas (a massa), o orçamento de que dispunham (modesto) e sua missão (uma abordagem mais acessível). À tarde, eu tinha uma reunião para a apresentação de um projeto a uma empresa latino-americana. Depois de pesquisar sobre a empresa na internet, concluí que eles reagiriam bem a um visual diferente e que seria importante usar sapatos de salto alto e algumas roupas de grife. Para aquelas pessoas, esse era o traje certo para demonstrar confiança; para meu cliente da manhã, teria sido inadequado.

Num ambiente corporativo, minha recomendação geral no que diz respeito a roupas é que elas sejam benfeitas, isto é, tenham um bom acabamento. As camisas devem ter colarinho e mangas compridas. Isso porque, para os homens, é improvável que eles estejam num ambiente de trabalho que lhes permita usar camiseta e para as mulheres, porque é muito fácil confundir uma camisa sem mangas e sem colarinho com uma malha de ginástica. Felizmente, hoje é fácil encontrar boas roupas de tecidos com elastano, que dispensam o uso de ferro de passar, com preços acessíveis e bom caimento.

Se você quer usar algo mais especial, por favor, lembre-se de que "o barato sai caro e o caro sai barato". Em outras palavras, embora haja ocasiões em que eu olhe o preço de uma roupa e comece a rir, me perguntando como uma calça preta pode custar tanto, o fato é que calças pretas são um item básico em qualquer guarda-roupa e investir num bom modelo que não começará a desfiar, deformar ou manchar depois de um ano faz muito mais sentido do que comprar um calça nova a cada quatro meses. A mesma regra vale para quem pretende investir numa bela camisa. Quando decidir fazer isso, recomendo que compre uma azul. Por quê? Porque a maioria das pessoas fica bem de azul, essa cor é fotogênica e há estudos que afirmam que passa a ideia de confiança.

"Mas", você pode estar pensando, "eu fico ótimo de branco... rosa... ou amarelo". Pode ser verdade. Só estou dizendo que, se seu orçamento for limitado, o azul não deixa você errar.

Seu próximo grande investimento em acessórios para o trabalho deve ser uma bolsa ou pasta realmente boa. Mais uma vez, sei que "realmente boa" pode, com frequência, fazer com que você se assuste com o preço, mas esses itens, quando bem cuidados, duram muitos anos. Se você só puder comprar uma bolsa, essa não é a hora de escolher algo que expresse sua personalidade. Sei que uma bolsa verde de pele de crocodilo tem seu lugar, mas não funciona muito bem no dia a dia.

Além disso, e se seu orçamento permitir, sugiro que invista num bom relógio. Mais uma vez, isso pode parecer uma coisa menor, mas muitas vezes são os detalhes que contam. O fato de você ter se dado o trabalho de comprar um relógio, por si só, já diz muito.

Para eventos sociais, caso tenha dúvidas sobre o traje mais adequado – por exemplo, vestido versus calças para mulheres, camisa social versus terno e gravata para homens –, *ligue para o seu anfitrião e pergunte.* Um bom anfitrião obviamente vai querer que o convidado se sinta à vontade. Depois disso, minha única recomendação é que a roupa escolhida seja apropriada ao seu corpo e à sua idade. Ninguém quer ver um homem estrangulado por sua gravata nem uma mulher apertada num vestidinho que parece ter saído do guarda-roupa da filha adolescente.

Por fim, esteja você disposto ou não a ser um escravo da moda, sempre vale a pena gastar algum tempo e um pouco de dinheiro a fim de escolher o melhor possível e não fazer feio nos eventos a que terá que comparecer. Cuide para que o seu guarda-roupa não acabe depreciando a mensagem que escolheu transmitir.

O nervosismo está no seu pescoço

Muitas pessoas ficam nervosas quando precisam falar em público. Algumas dizem que não conseguem respirar ou que ficam enjoadas. Nesse caso, sugiro que se inclinem para a frente, arqueando as costas, e relaxem a cabeça.

Esse movimento traz alívio porque os nervos que controlam a digestão e a respiração se reúnem nas vértebras C3 e C4 – que se localizam bem no meio da parte de trás do seu pescoço. Quando ficamos tensos, os músculos do pescoço tendem a se contrair ao redor desses nervos, sobrecarregando-os. Isso torna a respiração superficial e também causa um incômodo no estômago. Inclinar-se para a frente e deixar a cabeça pender faz com que esses músculos relaxem, o que permite que os nervos também relaxem.

Se você não tiver flexibilidade, recomendo que fique em pé, encostado numa parede, e vá descendo aos poucos, com as costas apoiadas. Flexione os joelhos, contraia o abdômen, solte os braços e deixe pender sua cabeça.

Seja qual for a posição que você preferir, mantenha a boca fechada e respire pelo nariz. Isso é importante porque, ao respirarmos pela boca, comunicamos ao nosso corpo que estamos estressados. Quando respiramos pelo nariz, acalmamos nosso sistema nervoso. Um modo de facilitar a respiração profunda é prolongar a expiração, e não a inspiração. Assim seus pulmões irão compensar naturalmente o ar que você liberou. Esforçar-se para inspirar mais profundamente cansa o corpo. E, se você estiver nervoso, isso poderá causar uma hiperventilação.

Quando estiver pronto para se levantar, flexione os joelhos um pouco mais e mantenha os braços frouxos, como se você fosse um boneco de pano. Suba lentamente, vértebra por vértebra. A cabeça deve ser a última a voltar à posição normal. Quando es-

Eu antes de você

Embora usar "você" seja uma ótima maneira de conquistar seu interlocutor, assegurando-o de que você se importa com os interesses e preocupações dele como se fossem seus, essa não é uma palavra muito útil durante uma discussão acalorada, uma briga ou uma conversa para resolver um problema. Nessas situações, começar a frase com "Você sempre/Você disse/Você acha/Por que você não pode...?" em geral não ajuda. Dependendo do contexto e do tom de voz, pode transmitir hostilidade, ressentimento e desprezo.

Sendo assim, recomendo colocar o "eu" antes do "você". Por exemplo:

- "Você concordou em ficar encarregado de X" se transforma em "Pelo que eu me lembro da nossa conversa, você concordou em ficar encarregado de X".
- "Você disse que faria Y, e foi por isso que concordei em me reunir com você" se transforma em "Quando eu concordei em me reunir com você, entendi que você faria Y".
- "Quando você diz coisas como Z, não tenho certeza se você está disposto a resolver isso" se transforma em "Quando eu ouço palavras como Z, não tenho certeza se você está disposto a resolver isso", etc.

tiver de pé, balance os braços com força (a partir dos ombros, e não do pulso), como se estivesse querendo se livrar de algo – nesse caso, da adrenalina.

Faça disso um hábito e você verá que se trata de uma maneira incrivelmente fácil de obter o mesmo efeito de um cochilo de uma hora no meio do dia.

Escute aqui!

É claro que, além de falar, outro elemento importantíssimo na comunicação é ouvir. Muita gente acha que ouvir não requer esforço. Temos orelhas, logo, podemos ouvir qualquer ruído, inclusive uma pessoa falando. Mas esse tipo de audição chama-se "escutar".

Outro conceito equivocado é o de que as pessoas que parecem extremamente engajadas em comunicar seu ponto de vista estão ouvindo. Na verdade, estão apenas contando os segundos até os outros pararem de falar para que possam continuar seu discurso. Esse tipo de audição chama-se "esperar".

Um terceiro mal-entendido é a impressão de que estamos escutando quando assentimos com a cabeça e sorrimos enquanto alguém está falando, embora nossos pensamentos estejam a muitos quilômetros dali, pois já "sabemos" o que a pessoa vai dizer. Esse tipo de audição chama-se "fingir".

Ao ler isso, é possível que você reconheça alguns desses tipos de audição. Na verdade, é possível que você mesmo tenha agido assim uma vez ou outra. Sei que eu fiz isso. E também sei que, quando "ouvi" dessa maneira, ignorei várias coisas importantes que estavam por trás do que as pessoas tentavam me dizer.

Winston Churchill disse: "É preciso coragem para ficar de pé e falar; mas também é preciso coragem para se sentar e ouvir." Acho esse conceito maravilhoso. Sempre que o coloco em prática, sei que consigo resultados bem diferentes do que alcançaria se ficasse só esperando que meu interlocutor terminasse de falar para começar a dar minha opinião.

Querido diário

Embora poucas pessoas mantenham aquele tipo de diário que escrevíamos quando éramos crianças ou adolescentes, você deve se lembrar do conteúdo – relatos detalhados do que ocorreu durante o seu dia. "Fui à escola, vesti minha camiseta nova preferida, vi X, ele olhou para mim de tal jeito e eu pude ver que ele estava pensando Y." Então isso e aquilo aconteceu...

Dito isso, proponho o seguinte exercício: quando tiver uma reunião, evento ou almoço importante no dia seguinte, escreva um diário *como se isso já tivesse acontecido*. Por exemplo: "Acordei. Vesti a roupa X porque ela faz com que eu me sinta mais seguro. Cheguei ao escritório cinco minutos antes e me apresentei à recepcionista. Quando Y chegou, levantei-me sem pressa, mas o cumprimentei entusiasticamente. Acompanhei-o até seu escritório. Fiz um comentário sobre a linda vista e aceitei água quando ele me ofereceu...", etc., etc. E continue até: "Ele me acompanhou até o elevador, despediu-se de mim com um aperto de mãos e disse: 'Foi um prazer conhecê-lo. Espero que possamos trabalhar juntos em breve.' Depois que as portas do elevador se fecharam, fiz a dancinha da vitória. À noite, meus amigos me levaram para sair e comemorar..."

Embora muitos desprezem esse tipo de exercício, posso lhe garantir que dá resultado. Um de seus méritos é obrigá-lo a pensar em elementos básicos que poderiam pegá-lo desprevenido, como o que vestir, onde estacionar, como responder às perguntas mais difíceis, que perguntas fazer e como reagir às respostas que obtiver.

Quando peço aos clientes que registrem tudo por escrito um dia antes, eles percebem que havia muitos aspectos nos quais não pensaram ou, se pensaram, desprezaram, dizendo a si mesmos: "Ah, eu saberei o que fazer quando isso acontecer, se acontecer." Ao se obrigar a descrever todo o evento, passo a passo, você estará garantindo que não sobre nenhuma lacuna.

Outro benefício desse exercício é confirmado por uma pesquisa feita pela Universidade de Chicago. Um grupo de pessoas foi levado para uma quadra de basquete e lá os pesquisadores pediram que fizessem uma série de arremessos livres. Depois, os participantes foram divididos em três grupos menores. Um grupo voltou à quadra e praticou arremessos durante uma hora por dia, ao longo de 30 dias. Outro se imaginou fazendo arremessos durante uma hora por dia, também por 30 dias. E o terceiro não fez nem uma coisa nem outra. No fim, todos voltaram à quadra e foram reavaliados. O grupo que não fez nada não melhorou seu desempenho. O grupo que praticou os arremessos melhorou em 24%. E o grupo que se imaginou fazendo os arremessos melhorou em 23%.

Por isso, quer você acredite no benefício da visualização ou não, não vejo mal algum em experimentar escrever seu "Diário do amanhã". Na pior das hipóteses, você estará totalmente preparado para ser bem-sucedido. Na melhor, será bem-sucedido. De qualquer modo, não poderá se repreender por não ter feito o bastante. E isso, para mim, significa meio caminho andado.

Mais não é melhor. Melhor é melhor

A verdade é que até hoje tenho dificuldade para inclinar a cabeça para a frente e arquear as costas, como sempre sugiro aos outros que façam na hora em que bate o estresse. Não só venho de uma família inflexível, física e mentalmente, como também passei muitos anos debruçada sobre livros, lendo por horas a fio. Nunca fui uma dessas meninas que ficam na praia ou no parque dando saltos ou piruetas para lá e para cá. Além disso, como possivelmente acontece com você, passei muito tempo, recentemente, curvada diante do computador.

Quando tentei pela primeira vez a ponte na ioga, achei que teria que passar o resto da minha vida imobilizada. Ao perceber que talvez eu ainda fosse capaz de andar ereta, senti-me desafiada. Fiquei obcecada com a flexibilidade das minhas costas. Até que um dia meu professor me interrompeu, dizendo: "Mais não é melhor. Melhor é melhor." Este se tornou o meu lema, na ioga e também no trabalho. Eis aqui um exemplo do que quero dizer.

Recentemente, trabalhei com um cliente que estava criando um vídeo para uma agência de publicidade. A empresa queria que ele produzisse um comercial de 90 segundos, mas as diretrizes que lhe deu em termos de orçamento e a música que os publicitários queriam incluir no vídeo impediam que fossem gravados 90 segundos de material verdadeiramente criativo. As possibilidades criativas se esgotavam nos primeiros 60 segundos. Como meu cliente era perfeccionista, ficou nervoso com isso. Meu conselho foi passar o meu lema para os publicitários e lhes dizer que mais não é melhor.

Foi o que ele fez, e deu certo. A maioria das apresentações não é melhor por ser mais longa, assim como a maioria das reuniões não é mais produtiva porque você passa mais tempo na sala. Acontece que, numa época em que se aumenta o tamanho de tudo, de hambúrgueres a carros, nos condicionamos a pensar que mais é melhor. Mas não é. Melhor é melhor.

Explique por quê

Quando estamos com pressa ou distraídos, quando achamos que a resposta é óbvia demais ou não queremos nos aprofundar na questão, quando estamos ansiosos para realizar algo ao nosso modo ou nos sentimos no direito de fazer as coisas como queremos, em todas essas situações, em geral apenas anunciamos o que desejamos ou precisamos que aconteça, sem incluir os interlocutores no nosso processo de tomada de decisões. Não os incluímos no "porquê".

Por exemplo, talvez você fure a fila no supermercado porque está atrasado para pegar seus filhos na escola e ache que isso lhe dá a preferência. Ou talvez seu chefe lhe tenha designado para uma viagem de negócios que você sabe que vai desagradar sua mulher e por isso, ao chegar em casa, anuncia o fato sem explicar por que, acreditando que isso vai ajudar a evitar uma discussão. Ou, ainda, precise que sua equipe trabalhe até mais tarde e comunique isso sem lhes dar uma explicação, porque acha que eles não entenderão nem precisam saber o motivo.

Mas aqui está uma estatística que deve ser levada em conta: a psicóloga Ellen Langer conduziu um estudo que mostrou que explicar aos interlocutores o que realmente está acontecendo aumenta o índice de colaboração deles em 60% a 94%. Vou repetir e destacar, porque acho essa informação incrível: *aumenta o índice de colaboração em 60% a 94%.*

Vou relatar exemplos de ocasiões em que o "porquê" causou pequenas revoluções na minha vida. Eu trabalhava no mercado editorial e, uma vez, quando estava editando um original, pedi ao autor que excluísse grandes trechos de um livro. Como eu achava que o "porquê" era óbvio, não lhe expliquei o motivo dos cortes. Esse fato resultou numa longa conversa, em que o escritor se mostrou bastante irritado, e com razão. Sua confiança em mim havia sido abalada pelas minhas intervenções aparentemente despropositadas em seu trabalho. No entanto, uma vez que os motivos para as alterações foram explicados, ele aceitou minhas ideias e fez as mudanças para melhorar o livro.

Quando um dos meus clientes percebeu que teria de pedir à sua equipe que dedicasse mais 12 horas à apresentação de slides que haviam finalizado naquela tarde – e que ele apresentaria na manhã seguinte –, não se sentiu disposto a lhes explicar o "porquê". Seu raciocínio foi: "Eles trabalham para mim. O serviço deles é esse. Além do mais, não temos tempo." Ao convencê-lo de que valeria a pena perder alguns minutos conversando com os funcionários sobre o motivo daquela medida, fizemos com que eles dessem o melhor de si nas 12 horas seguintes. Por fim, meu cliente concordou que sua apresentação ficou melhor justamente por causa disso.

Assim, caso você se encontre numa situação em que precisa da cooperação, de um esforço maior ou da compreensão de alguém, assegure-se de ter explicado os "porquês" às pessoas envolvidas. Se fizer isso, é 94% mais provável que consiga a ajuda e o apoio que procura.

Entradas e saídas

Em geral, estamos tão concentrados no evento em que teremos que nos apresentar - a entrevista, o discurso, o seminário, a reunião - que nos esquecemos de como é importante a maneira como entramos e saímos da situação. Negligenciamos as gentilezas que facilitam as coisas: o nome da secretária do nosso entrevistador ou do funcionário que está ajustando o microfone para nós, o agradecimento ao ajudante que enche nosso copo de água ou que providencia o táxi, o reconhecimento da habilidade da pessoa que criou a apresentação em slides ou que desenvolveu a embalagem promocional que vai nos ajudar a ganhar o dinheiro, o contrato ou o apoio que queremos.

Essa atenção é importante não só porque são demonstrações de cortesia, mas também porque a capacidade de nos envolvermos por completo no momento que estamos vivendo, *quando o estamos vivendo*, é uma prática valiosíssima. Se estamos sempre pensando no próximo passo - recebendo a xícara de café e perguntando impacientemente pelo trabalho que pedimos que fosse feito – então não saberemos vivenciar o presente quando chegar a hora do nosso *grande* momento. Nossos discursos terminarão com uma corrida até a linha de chegada que deixará nossa plateia confusa; nossas reuniões serão repletas de pequenos mal-entendidos, uma vez que já começamos a pensar em quem designaremos para fazer o acompanhamento das tarefas; e nossos almoços serão marcados por silêncios constrangedores enquanto nos perguntamos quanto tempo levará para falarmos sobre o motivo "real" por que estamos almoçando com aquela pessoa.

Assim, da próxima vez que estiver se preparando para qualquer tipo de reunião, não se esqueça da importância de estar presente do começo ao fim. É uma prática que trará benefícios para você e para as pessoas ao seu redor.

Dois é um e um é nenhum

Essa é uma frase de que meu irmão, um ex-comandante do Corpo de Fuzileiros Navais, gosta muito e que é usada com frequência pelos militares em geral. Ela transforma a fatalista "Lei de Murphy" ("Se alguma coisa pode dar errado, com certeza vai dar errado") em algo em que se pode intervir.

Um exemplo de aplicação desse princípio é você colocar duas canetas no bolso ou na bolsa antes de uma reunião, livrando-se, assim, do constrangimento de abrir seu bloco, já preparado para fazer anotações, e só na hora de escrever perceber que acabou a tinta.

Porque é verdade que canetas falham, camisas brancas sujam (consultores experientes sempre levam uma camisa branca extra em viagens) e documentos importantes se perdem. Se, contudo, antes de se organizar para um evento, você pensar que "Dois é um e um é nenhum", é menos provável que seja surpreendido quando a Lei de Murphy atacar.

Os 5 Ps

Recentemente, uma amiga e eu estávamos esperando um táxi à noite, num frio insuportável e com as ruas cobertas de gelo, cada uma de nós segurando um dos filhos dela e usando calçados inadequados para aquela situação.

– Vou ter que lhe pagar depois – disse eu. – Não tenho dinheiro comigo.

– Mas eu também não tenho dinheiro – disse ela.

Como éramos amigas há tempos, levamos na esportiva e começamos a rir.

– O que aconteceu? – perguntou o filho dela enquanto atravessávamos a rua, escorregando e deslizando, até o caixa eletrônico mais próximo.

– Sua mãe e eu nos esquecemos dos 5 Ps – expliquei a ele. – No Corpo de Fuzileiros Navais, os 5 Ps significam: Planejamento Prévio Previne Performances Patéticas.

Nunca é cedo demais para começar a aprender.

Analisando isso de outra maneira, quando você se preparar para uma reunião, uma entrevista ou um almoço de negócios, essa máxima vai lembrá-lo de que você precisa pensar em pelo menos duas alternativas para cada escolha que fará – das respostas às eventuais perguntas às opções de entradas que pode pedir. Em todas as situações, saber que foi além do plano A e se preparou para usar o plano B ou C vai deixá-lo muito mais tranquilo.

Se tudo isso lhe parece exagero ou paranoia, pense em outra frase repetida pelo meu irmão, uma cortesia de Henry Kissinger, que eu também descobri ser útil de vez em quando: "O paranoico é uma pessoa bem informada."

É fácil fazer com que pareça difícil. Difícil é fazer com que pareça fácil

Há alguns anos namorei um homem bastante influente. O que eu mais admirava nele é que, além de ser uma das pessoas mais curiosas e de mente mais aberta que já conheci, tinha o cuidado de fazer com que tudo o que realizava parecesse fácil e simples. Ele não compartilhava do frenesi e da arrogância que em geral acompanham as pessoas que trabalham em cargos sujeitos a muita pressão.

Deixe-me lhe dar um exemplo: durante os dois anos em que namoramos, só uma vez ele interrompeu nossa conversa ao telefone e me perguntou se podia me ligar mais tarde. Parece que a secretária dele estava com o vice-presidente na outra linha.

O vice-presidente dos Estados Unidos.

Certamente se sentir importante é divertido. E muitos de nós adoramos o som da nossa própria voz. Mas uma das maneiras mais fáceis de minar a confiança que as outras pessoas têm em você e no seu talento é ficar dizendo o tempo todo que está trabalhando duro, que precisa administrar muitas coisas e que seu dia é estressante. Podemos nos sentir bem fazendo isso, já que é algo que ressalta nossa ideia de quem somos e de quanto já conquistamos, mas o efeito nas pessoas será o oposto. Quando dizemos isso, elas acham que somos inseguros, que estamos assoberbados, insatisfeitos com nossos empregos e com a nossa vida.

O que você pode fazer, então? Respire. Sorria. Vá mais devagar. Reserve um ou dois segundos a mais para dizer bom-dia aos colegas, encerre os telefonemas educadamente, faça comentários sobre o jogo que passou na televisão ontem à noite. Todas essas ações nos afastam por alguns segundos do trabalho que estamos fazendo, mas trazem ótimos resultados. As pessoas ao seu redor ficarão com a impressão de que você é alguém calmo e que está no controle da situação.

"Ação!"

"O que limita as pessoas é elas não terem coragem ou imaginação para estrelarem seus próprios filmes."

Deparei-me com essa citação num livro de Tom Robbins que li num momento crucial da minha vida. O que não percebi na hora e que hoje sei, sem sombra de dúvida, é que pensar em cada momento como uma ocasião potencialmente crucial é o que o torna tão importante.

Vou explicar o que estou querendo dizer com isso. Um dia eu estava conversando com um produtor de cinema, perguntando sobre a função dele naquele trabalho. Ele disse que, obviamente, deveria arrecadar dinheiro; no entanto, o mais importante que fazia era pensar em si mesmo como um maestro: ele precisava conseguir que todos os membros do elenco e da equipe técnica dessem tudo de si, da primeira nota até os acordes finais, e de um modo que fizesse com que a obra do compositor parecesse não ter falhas.

Um produtor ou diretor não pode se dar ao luxo de ter uma plateia que diga: "Ah, aquela cena estava um pouco chata, mas eles provavelmente a rodaram no primeiro dia de filmagens, então, tudo bem." Ou: "Aquela parte um pouco fora de foco não tem importância. Eles deviam estar muito cansados gravando tantas cenas noturnas." Não mesmo. A plateia espera que o filme tenha consistência, do começo ao fim. Assim, todos os envolvidos têm que dar o máximo de si a partir do momento em que o diretor grita "Ação!" no primeiro dia.

Como o produtor consegue inspirar as pessoas ao seu redor a dar o melhor de si de forma contínua?

Seu segredo é começar com algo que costuma ser subestimado. O produtor aprende o nome e as funções individuais de cada um dos 100 membros da equipe técnica. Essa individualização e o reconhecimento das contribuições pessoais de cada um contam muito no que diz respeito à disposição da equipe para se esforçar um pouco mais quando a situação exigir.

Em segundo lugar, o produtor deixa clara para todos os presentes a sua crença de que, seja qual for a situação, são os pequenos detalhes, bem empregados e encaixados na hora certa, que determinam o resultado final.

Por fim, o produtor sente que também é fundamental se manter alegre. Se as pessoas do alto escalão parecem relaxadas e felizes, então todos ao redor absorverão essa energia que gera entusiasmo, criatividade e comprometimento.

Por isso, quando você começar a estrelar e a dirigir seu próprio filme, lembre-se de que:

- Todas as pessoas são importantes.
- Não existem detalhes irrelevantes.
- Ninguém quer um líder que pareça ansioso, irritado ou inseguro. Seja você maestro, diretor de cinema ou pai, sua equipe espera a sua deixa para entrar em ação.

EM RESUMO:

- Lembre-se de que o impacto que você causa vem das palavras que diz (7%), do seu tom de voz (38%) e daquilo que seu corpo faz enquanto você fala (55%).
- Contar uma história ajudará você e seu interlocutor a gravarem sua mensagem e se identificarem com ela.
- Apresentar-se – dizer o seu nome – é uma oportunidade de causar uma boa impressão. Não a desperdice.
- Apague os adjetivos inúteis do seu vocabulário. As coisas só são incríveis, maravilhosas ou horríveis se você explicar *por quê*.
- Quando você respira usando o diafragma sua voz fica mais grave, o que aumenta a percepção que os outros têm da sua autoridade ou do seu domínio sobre o assunto, além de acalmar seu sistema nervoso.

- Assegure-se de que seu tom de voz combina com suas palavras. Se você declara que está feliz, precisa parecer feliz. Se diz que se arrepende, deve expressar isso.
- Se estiver em dúvida sobre o que vestir, opte pelo azul. Investir em produtos básicos de alta qualidade - um terno com bom caimento, uma pasta ou um relógio - sempre valerá a pena.
- Relaxar o pescoço vai ajudá-lo a acalmar os nervos que controlam sua digestão e sua respiração.
- Ouça para aprender, descobrir e explorar.
- Escrever o "Diário do amanhã" pode ajudá-lo a se manter focado hoje.
- Mais não é melhor. Melhor é melhor.
- Quando você explica a seus interlocutores o "porquê" de suas decisões, aumenta a colaboração deles em 60% a 94%.
- A maneira de entrar e sair de um evento é tão importante quanto o que ocorre no meio-tempo.
- Se você só tiver um plano A e um plano B, então na verdade não tem duas alternativas. Crie um plano C.
- Fazer o difícil parecer fácil é muito mais impressionante do que mostrar como você dá duro.
- Assegure-se de ser o diretor e o astro da sua própria vida.

CAPÍTULO 2

Encontros a dois

Seja um aperto de mãos sinalizando um acordo de paz, um almoço no qual será finalizada uma negociação ou um jogo de basquete em que você enfrentará seu adversário mais difícil, encontros entre duas partes têm em si um componente emotivo que faz com que seu coração bata mais rápido.

Outro motivo de o encontro a dois ter um capítulo só seu neste livro é que, para a maioria de nós, a vida é uma série de encontros desse tipo – poucos são os que têm que falar para multidões diariamente. Em vez disso, discutimos com o síndico, formulamos estratégias com nosso chefe, ensinamos os filhos, agradecemos a um vizinho, divertimos os amigos, arrecadamos fundos para caridade, ajudamos nossos parentes, etc.

Dito isso, as ferramentas a seguir foram criadas para ajudá-lo a compreender melhor seu interlocutor e, assim, escolher as palavras, a postura física e o tom de voz mais adequados para se relacionar com ele. O capítulo também inclui modos de obter o melhor do outro, de fazer com que fale mais e se sinta reconhecido, à vontade e seguro. Quem não gosta de alguém que o faz se sentir assim?

Visual, auditivo ou cinestésico?

Vemos, sentimos o cheiro e o sabor, tocamos e ouvimos. Individualmente, porém, cada um de nós tem um modo principal de assimilar as informações. As pessoas que são mais visuais aprendem melhor com os olhos; as mais auditivas aprendem melhor com os ouvidos; e as mais cinestésicas aprendem melhor com o resto do corpo.

Saber que tipo de pessoa você é pode ser muito útil. Como sou uma pessoa auditiva, sei que aprendo melhor ouvindo e que tomar nota enquanto alguém fala pode me distrair. Antes de ter conhecimento disso, eu costumava ficar louca quando meus clientes faziam anotações enquanto eu estava falando. Como eles eram capazes de tomar nota *e* ouvir ao mesmo tempo? Achava simplesmente que *não estavam* ouvindo, por isso eu os obrigava a deixar as canetas de lado e olhar para mim – o que, a propósito, faz com que uma pessoa cinestésica pare de ouvir.

Sim, os cinestésicos ouvem por meio de seus corpos – escrevendo o que é dito. E não importa se nem você nem eles mesmos conseguem ler os garranchos depois. Por mais maluco que isso possa parecer para uma pessoa auditiva ou visual, tomar nota os ajuda a ouvir. Pessoas visuais, por outro lado, parecem jamais estar ouvindo. Elas estão constantemente interrompendo, mudando de assunto, saindo pela tangente.

Como descobrir que tipo de pessoa somos? Em geral é bem simples e você se identifica logo de cara com um dos perfis. Se, porém, estiver indeciso entre duas opções, pense no que faz para ganhar a vida. A maior parte das pessoas faz escolhas profissionais com base no principal meio pela qual assimila informações. Por ser auditiva, por exemplo, sou uma pessoa das palavras. Falar e ouvir é o que entendo por diversão. Já minha amiga Jill é cinestésica. Ela ganha a vida como arquiteta, o que tem tudo a ver com as relações espaciais. Eu mal consigo escolher uma panela do tamanho certo para esquentar minha sopa. Meus amigos estilistas e marchands são visuais. Eles ganham a vida graças aos olhos.

Como isso pode ajudá-lo num encontro a dois? Quando você conhece a forma principal de assimilar informações de uma pessoa, obtém uma vantagem. Isso pode ajudá-lo, por exemplo, a não se impacientar com o modo como ela ouve. Ao compreender que meus clientes cinestésicos precisavam de suas canetas, eu os deixei com elas. Esse tipo de pessoa em geral também precisa andar durante as reuniões.

Eis aqui outros benefícios: saber que, em geral, o modo como alguém ouve tem pouco ou nada a ver com o fato de achar você ou o seu assunto interessante vai ajudá-lo a não levar para o lado pessoal quando os outros não parecerem estar prestando atenção. Na verdade você irá perceber que, com mais frequência do que imagina, eles estão, sim, prestando atenção. Além disso, terá como planejar a melhor forma de passar as informações para determinadas pessoas. Se estiver conversando com um auditivo, diga que está ouvindo o que ele está dizendo. Se estiver conversando com um visual, diga que vê o que ele está dizendo. Se estiver conversando com um cinestésico, diga que entende o que ele está sentindo.

Compreenda os sinais

Como explicarei adiante, no capítulo sobre reuniões, como e onde você se senta é sempre importante. Agora vamos analisar como seu cliente ou companheiro de almoço está sentado e como compreender e reagir a isso pode produzir um diálogo completamente diferente.

Eu participava de reuniões de vendas com um sócio que tinha vários problemas com esse quesito. Ansioso por expressar seu ponto de vista, em geral ele se aproximava demais do interlocutor. Chegava até a interromper os outros no meio da frase. Sua paixão por argumentar fazia com que meu sócio visse os ombros baixos do interlocutor apenas como uma postura ruim e os olhares para os lados como mera falta de educação. Dedos batendo sobre a mesa, pés batendo no chão – todos os sinais de "a porta da rua é serventia da casa" eram ignorados por ele.

Não estou dizendo que nunca cometi um erro, mas com o tempo fiquei muito boa em ser capaz de ouvir o que as pessoas estão dizendo sem que precisassem pronunciar qualquer palavra, e você também pode ser bom nisso. Com a técnica correta, poderá mudar a maneira como fala, o que fala e o que faz com o corpo enquanto fala, de modo que as outras pessoas se sintam mais à vontade na sua companhia. Isso fará com que seus interlocutores saiam do encontro entusiasmados e com a sensação de que foram compreendidos.

Por quais sinais você deveria procurar? Como já mencionei, o olhar e a postura são indicadores claros de como a sua mensagem está sendo recebida. Se alguém desviar o olhar num primeiro momento, pode ser que seja tímido ou esteja pouco à vontade. Contudo, se no meio de um almoço ou reunião seu interlocutor deixar de olhá-lo nos olhos, você precisa parar um pouco e se reorganizar. Pergunte a si mesmo: "Será que eu disse alguma coisa constrangedora? Ofensiva? Inoportuna?" Se não conseguir descobrir sozinho o que houve, pergunte delicadamente à outra pessoa.

Por que delicadamente? Porque perguntar de forma direta se a pessoa se sente constrangida, ofendida ou incomodada faz parecer que o insucesso da conversa é culpa dela. Nessas horas, é muito mais eficiente chamar a responsabilidade para si mesmo: "Eu disse alguma coisa que o incomodou?", "Deixei de responder alguma dúvida sua?", etc. Dessa forma o interlocutor fica mais à vontade para responder.

Por exemplo: fui contratada para trabalhar com uma equipe numa apresentação com slides que eles estavam preparando para investidores em potencial. Como nunca começo falando, e sim ouvindo, pedi que fizessem a apresentação para mim enquanto eu os observava. Ao terminarem, fiz observações sobre uma coisa ou outra. Entre elas, perguntei-lhes: "E quanto ao slide 12? Parece haver algo errado nele."

Como joguei o foco no slide, pareceu que era esse o motivo da pergunta, e não os dedos nervosos, as batidinhas angustiadas com a caneta na mesa e os olhares desviados quando o slide apareceu na tela. Eles ficaram surpresos, mas aliviados. Havia mesmo um grande problema envolvendo o conteúdo do slide. Parecia que eles seriam incapazes de cumprir o que prometiam. Com essa informação em mãos, nos concentramos em refazer o texto, a fim de que ele expressasse a verdade.

Quando você reconhece os sinais de alguém que se sente nervoso, angustiado ou incompreendido e faz as perguntas de modo a permitir que seus interlocutores expressem suas opiniões com facilidade, exibam seus pontos fortes e mostrem seu conhecimento, eles só podem prosperar. Pedir a colaboração deles dessa maneira também contribuirá para aperfeiçoar sua própria colaboração no trabalho que vão desenvolver.

Respeite a opinião alheia

Você vai almoçar com um contato de negócios e a única informação pessoal que tem dele é que adora golfe. A ideia de Paraíso dessa pessoa são 18 buracos no clube num sábado de sol. Mas você não só acha que um papo sobre golfe lhe dá sono, como também considera clubes privados algo elitista e esnobe.

Num encontro cara a cara, nem sempre os valores, a ética ou os interesses do seu interlocutor vão combinar com os seus.

O que fazer nesse caso? Não basta simplesmente evitar o assunto durante o almoço. Que tal se colocar no lugar do outro antes de chegar ao restaurante? Pense num esporte que você adora – futebol, por exemplo – e imagine como se sentiria se sua companhia afirmasse que é ridículo achar que correr pela grama atrás de uma bola é praticar um esporte.

Se você acha que não há comparação – que o futebol é, afinal, uma paixão nacional –, não importa: você precisa demonstrar interesse genuíno pelas preferências do seu interlocutor. Pergunte-se por que alguém gosta tanto de golfe ou daquele clube. Considere hipóteses como, por exemplo, ele era um péssimo atleta na escola e descobriu que, no golfe, conseguia se destacar, ou talvez ele sofresse por não ter sido admitido no clube local quando criança, e por isso dá muito valor a essas coisas.

O propósito desse exercício não é demovê-lo de suas próprias opiniões, e sim ajudá-lo a relativizá-las, a pensar nos fatores que possam estar em jogo mesmo não tendo sido mencionados. É possível que haja mais coisas por trás da "vitrine" que seu interlocutor está mostrando e que isso talvez esteja influenciando seu modo de se expressar sem que se perceba à primeira vista. Dependendo do cenário, pergunte-se se seus interlocutores podem ter preocupações familiares, de saúde ou financeiras que você desconheça.

Ao levar isso em consideração você será capaz de identificar lacunas no seu raciocínio que poderão ser preenchidas por meio de uma conversa mais profunda. Quando ficar claro para seus interlocutores que você se deu o trabalho de pesquisar e tentar compreender as opiniões deles, será muito mais fácil para eles ouvir e, possivelmente, compreender as suas.

Todos querem contribuir

Quando a empresa Duncan Hines estava criando sua primeira mistura para bolos, o departamento de marketing sugeriu que seria melhor a dona de casa acrescentar um ovo à mistura na hora do preparo em vez de a mistura já vir com ovo em pó. Por quê? Porque quando acrescentamos o ovo, tornamo-nos donas do bolo. Ficamos orgulhosas. Sentimo-nos bem dizendo: "Fui eu que fiz!" E, quando nos sentimos bem comprando uma mistura para bolos, compramos o produto com mais frequência.

Inteligente, não?

Estimular ativamente a participação de outras pessoas dessa maneira é vital quando se quer o apoio a uma ideia, dinheiro para um projeto, votos para a eleição, enfim, qualquer tipo de colaboração.

Como fazer isso? Antes da reunião, pergunte-se por que a contribuição dessa pessoa é valiosa para você e para o projeto.

Todos nós queremos acreditar que nossas contribuições são valiosas, que somos necessários, que podemos fazer a diferença e que somos mais do que um cheque em branco ou um dedo no botão da urna.

Assim, quando for fazer um pedido, procure deixar uma brecha para as pessoas "acrescentarem um ovo", ou seja, contribuírem para a sua ideia.

Seu manual de instruções para almoços

Seja você o anfitrião ou o convidado de um almoço, jamais pense que se trata de "apenas um almoço". Tanto um quanto outro precisam fazer uma pesquisa prévia sobre sua companhia e, no caso do anfitrião, a pesquisa deve ser mais aprofundada.

Como anfitrião: se você não conhece muito bem o restaurante, examine-o pessoalmente antes, se possível, para analisar o nível de ruído e decidir qual mesa é mais adequada ao seu objetivo. Isso é importante porque, quando se trata de um almoço de negócios, você não vai querer se sentar lado a lado com seu convidado numa mesa de canto, ouvindo música romântica ou tentando falar mais alto do que o bate-estaca. Também é bom que as mesas não sejam muito próximas, pois ninguém deseja que o desconhecido ao lado escute sua conversa.

Se não puder estudar o lugar com muita antecedência, tente chegar ao restaurante 15 minutos antes do horário marcado para rearranjar o que for possível – mudar de mesa, escolher uma área mais silenciosa, solicitar que baixem o volume da música, etc.

Procure saber o nome do gerente ou da pessoa responsável por garantir que tudo corra bem e, se possível, apresente-se a ele ou ela. Descubra onde ficam os banheiros. Verifique se há opções vegetarianas no cardápio, caso seu convidado seja vegetariano. Se não houver, pergunte se é possível preparar um prato vegetariano na hora, caso seja necessário.

Assegure-se de que o restaurante aceita o seu cartão de crédito.

Como convidado: pesquise o restaurante na internet, antes do almoço. Além de confirmar o endereço, caso não conheça o restaurante, é importante que saiba se há um estacionamento nas proximidades, se vai precisar de mais tempo para procurar uma vaga ou ainda se terá que andar alguns minutos do carro até o restaurante.

Seja pontual.

Reserve um tempo para ir ao toalete antes da hora marcada, se achar necessário. (Sei que parece loucura eu escrever isso, mas você não acreditaria se eu lhe dissesse quantas pessoas chegam para almoços de negócios e me deixam sentada sozinha nos primeiros 10 minutos enquanto vão ao banheiro.)

Fique atento à deixa do seu anfitrião para saber se ele quer ou não ir direto ao ponto, ao assunto principal da reunião de negócios. Prefiro deixar passar um tempo antes de fazer isso. Aquela pesquisa prévia que você fez sobre os interesses e passatempos de seu anfitrião será muito útil nesse momento. Se não tiver conseguido levantar nada, pergunte por que seu anfitrião escolheu aquele restaurante, desde que essa resposta não seja muito óbvia. É o restaurante preferido dele? Há algo no cardápio que gostaria de recomendar? Seu anfitrião já viajou para o país de origem daquele tipo de comida? (Itália, França, Grécia, Turquia, Índia...?)

Se houver algo estranho em relação ao lugar que você ocupa ou à comida, a menos que você tenha visto cacos de vidro ou esteja à beira de um choque anafilático, guarde isso para si mesmo.

Não é hora de fazer comentários sobre manchas na sua faca ou sobre o uso inesperado de vinagre balsâmico na sua salada. Se for algo que precise mesmo ser comunicado, peça a seu anfitrião que resolva o assunto com a equipe do restaurante. Não é sua função.

Você precisa se divertir. O maior elogio que pode fazer a seu anfitrião é ser uma companhia atenta, relaxada e grata.

Boas maneiras

Há certas normas de etiqueta fundamentais que facilitarão as coisas em eventos sociais. Eu as citarei rapidamente aqui, mas sinta-se à vontade para ler obras especializadas no assunto.

Quando você chega ao restaurante antes da companhia para o almoço, pode optar por esperar a pessoa no bar ou à mesa. Em geral, espero à mesa, mas essa é uma decisão que deve ser tomada levando-se em conta sua relação com a pessoa e o lugar onde estão se encontrando. Se vocês se conhecem bem ou se o bar do restaurante tem uma determinada disposição que facilita essa espera, essa pode ser uma ótima opção. Se decidir esperar à mesa, sinta-se à vontade para pedir uma água ou um refrigerante, mas não peça uma bebida alcoólica.

Caso vocês cheguem juntos ao restaurante e formem um casal, o homem deve ficar atrás e deixar que a mulher acompanhe o maître até a mesa, mesmo que tenha sido ele quem fez a reserva. Se forem dois homens, deixe seu convidado ir na frente. Isso garante que ele terá o melhor lugar à mesa. Se for mulher a anfitriã, pode ceder a seu convidado o melhor lugar quando ele chegar à mesa.

Seu guardanapo deve ser posto sobre o colo logo que você se sentar.

Se o restaurante servir couvert, desmanche o pão em pequenos pedaços e passe manteiga separadamente em cada um deles no momento em que for comê-lo. Não corte o pão pela metade, passando manteiga nele como se fosse um sanduíche.

Converse com seu anfitrião sobre o que ele pensa em pedir. Se for apenas uma entrada, aceite a sugestão. Você não deve se empanturrar de petiscos seguidos por um prato enorme de carne se tudo o que o seu anfitrião pediu foi uma salada.

Por favor, não discuta o que você pensa sobre carboidratos, farinha de trigo refinada, açúcar, gordura, o uso de hormônios de crescimento em bovinos, as condições em que os frangos são criados ou sua dieta mais recente. Se for intolerante a lactose ou a glúten, ou se tiver muitas restrições alimentares, por favor guarde isso para si. Se for vegetariano, vegan, frugívoro ou crudívoro, não mencione isso a não ser que lhe seja diretamente perguntado. Se lhe perguntarem, responda e continue a conversa. A não ser que sua alimentação seja o assunto do almoço, essa não é a hora nem o lugar para discutir tais hábitos.

Peça alimentos fáceis de serem manuseados. Se tiver que escolher, por exemplo, entre uma sopa de legumes ou de cebola, peça a de legumes. Ninguém quer vê-lo se enrolando todo com o queijo derretido por cima da sopa de cebola. Entre uma salada de folhas verdes comum e uma salada *frisée*, fique com a salada comum. Não será nada agravável ver a alface *frisée* presa entre seus dentes como se fossem os tentáculos de uma lula. Na dúvida entre espaguete e ravióli, escolha ravióli. E por aí vai.

Não se esqueça de usar "por favor" e "obrigado" ao se dirigir ao garçom quando ele anotar seu pedido ou trouxer sua comida.

No caso de restaurantes que servem vários pratos na mesma refeição, escolha o garfo ou a colher mais distante do seu primeiro prato, e assim por diante nos pratos seguintes.

Sente-se com a coluna ereta.

Se precisar ir ao banheiro, peça licença "para usar o toalete". Ao se levantar, deixe seu guardanapo sobre a mesa, ao lado do prato ou sobre a cadeira.

Se lhe perguntarem se você deseja um café após a refeição, mais uma vez faça o que seu anfitrião fizer. Se ele ou ela recusar o café, siga sua deixa.

Seu anfitrião cuidará da conta. Não se sinta na obrigação de conversar enquanto ele faz isso. Um simples "Obrigado pelo almoço maravilhoso" será suficiente.

Ah, essas janelas da alma

Passei muito tempo estudando medicina ayurvédica e tenho uma boa compreensão acerca de seus conceitos gerais. Segundo eles, o lado direito do corpo é governado pelo fogo e o lado esquerdo, pela água. O lado direito está relacionado às decisões, ao controle e à defesa. O lado esquerdo, ao ato de receber, aceitar e se render. Seus olhos seriam o lugar onde esses dois aspectos do fogo e da água estão visíveis.

Fique diante de um espelho e olhe bem dentro do seu olho esquerdo. Verifique o que vem à sua mente quando você faz isso. Depois, olhe bem dentro do seu olho direito e perceba o que sente. É possível que descubra que seu olho esquerdo é mais afetuoso e convidativo, ao passo que seu olho direito tende a ser mais desafiador.

Bem, agora que você sabe disso, da próxima vez que quiser dizer a alguém que sua intenção ou mensagem é sincera, digna de confiança, verdadeira, etc., pode argumentar olhando dentro do olho esquerdo do seu interlocutor. Se agir assim, é possível que a outra pessoa aceite o que você está dizendo mais depressa. Caso queira propor um desafio ou passar a ideia de que o que está dizendo não é negociável, olhe dentro do olho direito do interlocutor.

Faça o teste e veja se isso funciona com você.

O poder do olhar

Já ouvimos dezenas de vezes que o contato visual é importante para transmitirmos nossa mensagem. Os fatos a seguir servem para reforçar essa ideia:

- Você sabia que a "pista" mais importante do pôquer – um hábito, atitude ou reação física que dá algum tipo de informação sobre as cartas que se tem na mão – é dada quando se olha durante muito tempo para as cartas mais valiosas ou quando não se consegue olhar os adversários nos olhos quando eles perguntam se você tem um bom jogo (poucos de nós conseguimos olhar os outros nos olhos quando estamos mentindo)? É por isso que a maioria dos jogadores profissionais de pôquer usa óculos de sol ou boné.
- Você sabia que os ministros da Opep usam óculos de sol durante as negociações?
- Você sabia que o objetivo do uso de óculos de sol pelos agentes do serviço secreto tem menos a ver com se proteger da luz e mais com deixar atacantes em potencial incomodados por não saberem se estão ou não sob vigilância?

Questão de gênero

Há alguns anos participei de um seminário sobre comunicação ministrado por uma mulher extraordinária chamada Alison Armstrong. O foco do trabalho de Alison é identificar e esclarecer as profundas diferenças na maneira como homens e mulheres se comunicam. Ela argumenta que as escolhas que cada gênero faz ao se comunicar não são voluntárias, mas se devem ao modo como nos relacionamos com o mundo. Não há uma maneira melhor ou pior, apenas maneiras diferentes, muito diferentes. E, do mesmo modo que você não vai ter muito sucesso ao usar o controle remoto da televisão para tentar ligar a torradeira, também não terá muito sucesso ao se comunicar com o sexo oposto se não tiver as ferramentas certas para essa tarefa. A seguir revelarei algumas delas.

Os homens só se concentram em uma coisa de cada vez. Isso pode ser demonstrado de várias formas, mas um exemplo básico é o fato de eles não gostarem de fazer compras. Se a mulher pede, por exemplo, ao marido que a acompanhe enquanto procura uma camisa branca nova e ele a vê experimentando um par de sapatos, poderá ficar de mau humor.

Um subproduto dessa característica é que os homens têm dois modos básicos de ouvir: "Aonde você quer chegar com isso?" e "Qual é o problema?". Por consequência, é extremamente importante que as mulheres não se desviem do caminho quando estiverem conversando com os homens. Se você é mulher e o objetivo da sua mensagem para um colega homem é dizer que o relatório ainda não está pronto, não explique o motivo, a não ser que o motivo seja algo que ele possa consertar. Se o atraso se deve apenas a probleminhas internos aleatórios, é provável que seu colega deixe de ouvi-la ou a interrompa caso você comece a entrar em detalhes. Não é que ele não se importe, mas, para ele, os motivos não são uma informação crucial.

O problema é quando você tem uma história com um propósito para contar, mas precisa recorrer a uma introdução um tanto extensa para chegar até lá. Nesse caso, é útil mencionar, já no início, algo como: "Isso pode soar irrelevante ou sem relação com o assunto, mas é importantíssimo para o que direi em seguida."

As mulheres, por outro lado, têm uma percepção difusa. Por isso podemos atender o telefone, botar o cachorro para fora de casa, preparar um lanche para nossos filhos e beber chá, tudo ao mesmo tempo. No ambiente de trabalho, isso se traduz no fato de termos um percentual maior de tolerância para compreender várias ideias ou detalhes, tanto os relevantes quanto os aparentemente irrelevantes. Essa é uma das razões pelas quais costumamos interromper o interlocutor com perguntas esclarecedoras ou pedidos de detalhes adicionais. Nesses casos, é importante fazer com que nossos colegas homens não sintam que não estamos prestando atenção ou que estamos sendo inconvenientes.

Por isso, da próxima vez que você se perceber frustrada pela falta de atenção do seu colega ou pelas interrupções da sua colega, reserve um tempo para avaliar seu próprio sistema de audição e, depois, mude-o para a frequência do seu interlocutor.

Afirme o óbvio

Essa ideia costuma ser tão subestimada que quase não foi incluída neste livro. O fato é que, às vezes, é importante afirmar o óbvio.

Deixe-me dar um exemplo do que quero dizer com isso. Tenho um cliente que é tão bonito que essa é uma das primeiras observações que a maioria das pessoas faz a respeito dele. O detalhe é que raramente alguém diz isso *a* ele.

Isso acontece por vários motivos. Um deles é por não parecer apropriado mencionar algo assim na maioria das conversas. Às vezes, porém, é porque os outros pressupõem que a pessoa em questão já saiba disso; outras vezes porque não querem alimentar ainda mais o ego do outro; e ainda acontece simplesmente de as pessoas terem inveja. Assim, por várias razões diferentes, ninguém jamais diz a ele que é bonito.

A questão veio à tona quando estávamos conversando sobre uma estratégia de apresentação para uma campanha polêmica e eu citei a aparência do cliente como uma de suas vantagens. Ele ficou surpreso, envergonhado, feliz e, de certo modo, aliviado. Era como se houvesse um elefante na sala e alguém finalmente dissesse algo a respeito. Minha disposição de mencionar a beleza do cliente com franqueza e objetividade fez com que ele logo ficasse à vontade. Essa mudança de mentalidade o ajudou muito a se sentir bem consigo mesmo.

Há outros exemplos desse tipo? Talvez alguém tenha um belo escritório, mas ninguém jamais elogia a vista porque as pessoas pressupõem que o dono já sabe disso. Não duvido que ele saiba, mas pode ser legal que outra pessoa dê valor a isso. Talvez uma colega tenha uma joia maravilhosa ou um colega tenha um carrão esporte novinho. Seja o que for, se é algo mencionado nas fofocas pelos corredores ou na sua conversa depois do trabalho com a esposa ou o marido, posso apostar que ninguém nunca diz como essas coisas são lindas ou incríveis para as próprias pessoas. E isso pode ser algo bom de se ouvir.

O mesmo serve para coisas negativas. Às vezes sou contratada para falar às pessoas sobre algo negativo que, justamente por ser óbvio demais, ninguém quer mencionar. Um cliente transpira visivelmente durante as apresentações, usa roupas muito justas ou tem o hábito de olhar para cima enquanto pensa. Seja o que for, é algo que ninguém quer dizer, ou por achar que o interlocutor já sabe, ou por se sentir incomodado, ou ainda por temer as repercussões de longo prazo por apontar o problema.

A verdade, porém, é que, geralmente, mesmo quando a pessoa em questão suspeita ou sabe de algo, o fato de ninguém falar sobre aquilo torna o assunto tão devastador que ela não consegue pedir ajuda ou conselho. Nessas horas, alguém que diga "Eu percebi tal coisa. Você já havia notado?" dará abertura e leveza à conversa, fazendo com que todos relaxem, respirem e lidem com o problema objetivamente.

Por isso, da próxima vez que imaginar "Bem, ele provavelmente *sabe* disso. É tão óbvio!", pense em dedicar algum tempo a refletir se isso é mesmo óbvio para aquela pessoa. Não importa se é algo positivo ou negativo: certamente você vai se surpreender com o prazer ou o alívio com que o seu interlocutor receberá seu comentário.

Quando o mais fraco é mais forte

Escrevi antes sobre as "pistas" do pôquer: os hábitos, atitudes ou reações físicas que denunciam as cartas que você tem na mão aos outros presentes na mesa de jogo. Entre elas, a mais interessante que descobri é que o fraco é forte e o forte é fraco. Ao que parece, a tendência de parecer desinteressado quando você tem uma boa cartada é algo praticado em geral por amadores, embora alguns jogadores bem experientes caiam nessa também.

Várias vezes notei que aqueles que se exibem e contam mais vantagem estão geralmente compensando a fraqueza de seus argumentos, de seus balanços financeiros e de sua autoestima. Quando isso ocorre, descobri que abordar essas demonstrações com suavidade, aceitação e compaixão é uma maneira mais rápida de ganhar a confiança dessas pessoas e chegar à verdade do que tentar competir com elas.

Eis aqui dois exemplos que já vivi.

Uma das primeiras pessoas com quem trabalhei entrou na sala e, antes de se apresentar, disse:

– Eis aqui uma lista das coisas que não discutiremos com a imprensa: X, Y e Z.

– Certo – respondi.

– Isso simplesmente não vai acontecer – disse ele.

– Entendo.

Minha reação o surpreendeu tanto que ele quis se explicar para mim – não para falar dos assuntos que estavam fora de cogitação, e sim de suas razões para nao abordá-los. A oportunidade de se explicar dissipou boa parte da tensão nele, além de me dar a chance de entender as preocupações do cliente. Uma vez que essa ligação humana foi estabelecida, pudemos abordar rapidamente os temas que eram tabus, pensando juntos na melhor maneira de falar sobre eles.

Em outra ocasião, um cliente me ligou pedindo um conselho sobre um problema envolvendo dois colegas que passaram uns seis meses sonegando informações a ele por questionarem sua capacidade de liderar um projeto publicitário. Embora a ideia de reagir à altura fosse tentadora, ele tinha a sensação de que isso só agravaria o problema. Concordei. Juntos, elaboramos uma estratégia para lidar com a negociação em andamento – tudo deveria ser documentado e todo mundo deveria ser copiado nos e-mails relacionados à negociação – e redigimos uma mensagem que daria este recado: "A fim de evitar o surgimento de futuros mal-entendidos, estou instituindo a seguinte diretriz..." Note, por favor, que em nenhum momento se menciona "como Fulano me disse uma coisa na segunda-feira e Beltrano disse outra na terça, fui obrigado a instituir a seguinte diretriz..."

Sem poder correr ou se esconder, eles se renderam e lhe entregaram o projeto. E, como ele lidou com a negociação sem causar qualquer comoção – sem levantar a voz e sem recorrer a acusações –, o nível de ressentimento dos colegas se manteve baixo, o que tornou o trabalho em equipe muito mais tolerável.

Imite alguém que você admira

Um de meus programas de televisão favoritos é o *Inside the Actors Studio*. A conversa de uma hora entre o apresentador James Lipton e um ator ou atriz convidado é sempre enriquecedora e fascinante. Adoro ouvir como pessoas diferentes encaram a vida e o trabalho.

Uma das melhores entrevistas a que assisti foi a de Johnny Depp – não só porque o acho um homem muito bonito, mas por ficar conhecendo a maneira curiosa como ele se preparou para certos filmes.

Quando lhe perguntaram sobre *Edward Mãos de Tesoura*, por exemplo, ele disse que seu objetivo era combinar a inocência de um bebê recém-nascido com aquela característica dos cães que permite que eles sejam repreendidos e mandados para a casinha e ainda assim voltem saltitantes, com o coração cheio de amor, quando são chamados. Quando lhe perguntaram sobre seu papel em *Ed Wood*, Johnny Depp disse que queria mesclar o otimismo cego de Ronald Reagan com a genialidade evidente de Casey Kasem. Já para *Piratas do Caribe* ele se inspirou em Keith Richards, dos Rolling Stones.

Como isso pode lhe ajudar? Descobri com meus clientes que essa ideia de incorporar as características de alguém que eles admiram pode ser muito útil quando precisam se preparar para uma situação desafiadora, como falar em público, por exemplo. Do mesmo modo que em geral é mais fácil resolver os problemas dos nossos amigos do que os nossos próprios problemas, também é mais fácil imaginar como alguém que você considera uma pessoa segura, calma ou independente agiria em seu lugar.

Por isso, duas das perguntas que faço aos meus clientes são: "Quem você admira como comunicador ou apresentador?" e "Por que o(a) admira?" Caso eles não consigam pensar em ninguém, posso lhes dizer: "Como seu chefe lidaria com isso? O que ele diria?"

Refletir sob esse ponto de vista muitas vezes era justamente o que faltava para essas pessoas encontrarem a confiança necessária e alcançarem o sucesso.

Valorize a simplicidade

Algumas vezes, enquanto estamos planejando nossa atuação, damos tanta importância aos aspectos técnicos do que é preciso fazer que ficamos paralisados e acabamos esquecendo a premissa básica por trás daquilo tudo. De repente, o que começou como um projeto administrável se transforma numa montoeira de complicações e contradições.

Quando isso acontece comigo, gosto de me lembrar do que meu professor de ioga disse quando um aluno lhe perguntou sobre a postura invertida sobre a cabeça. O aluno tinha dezenas de dúvidas: deveria colocar as mãos assim ou assado? A cabeça aqui ou acolá? Os cotovelos juntos ou separados? Meu professor respondeu: "Fique de cabeça para baixo e não caia."

Às vezes é simples assim.

Por isso, da próxima vez que se perceber ansioso ou angustiado por conselhos de amigos, familiares ou colegas de trabalho, pare um pouco e veja se você é capaz de analisar a situação do jeito mais simples possível. Talvez descubra que tornar as coisas mais fáceis para si mesmo também irá torná-las mais fáceis para as pessoas ao seu redor, e com isso todos saem ganhando.

"Estou só brincando!" Será?

Tenho a tendência de ouvir atentamente o que as outras pessoas dizem. E logo fico alerta quando ouço a frase: "Estou só brincando."

Para mim, essa expressão costuma indicar que a pessoa, no fundo, não está brincando. Ela pode usar o humor para falar algo que não se sente à vontade para dizer de outro jeito ou de que não tem consciência. Disfarçar essa sensação forte ou incômoda com o humor é uma maneira de se proteger e ao mesmo tempo testar as reações dos outros. O interlocutor reagirá bem? Ou ficará ofendido?

Nem sempre é preciso ouvir algo como "Estou só brincando" para identificar esse recurso. Se alguém conta uma porção de histórias engraçadas sobre brigas com a esposa ou sobre conseguir ou não pagar a próxima prestação do carro, é mais do que provável que um divórcio ou a venda de alguns dos bens dessa pessoa estejam para acontecer num futuro não muito distante.

Então o que você pode fazer se tiver que responder a esse tipo de comentário? Meu primeiro conselho é: não diga que as pessoas em geral fazem piada sobre aquilo que sentem de verdade, pois isso acaba mal.

Em vez de entrar na brincadeira, trate o assunto de maneira um pouco mais séria. Você pode fazer isso admitindo que já sentiu aquilo que acha que está por trás da piada ou perguntando algo como: "Que modo interessante de ver as coisas. Pode falar um pouco mais sobre o que quer dizer com isso?"

Nesses momentos, aconselho mais uma vez que se tenha cuidado ao agir. Se os sentimentos forem fortes o bastante para que a pessoa recorra novamente ao humor a fim de aliviar a situação ou negá-la, devem continuar fortes depois que as risadas se dissiparem. Por isso, ouça muito e não tire conclusões precipitadas.

Detestamos nos outros o que não gostamos em nós mesmos

Essa é uma frase que você escuta muito quando passa algum tempo no consultório de um psicanalista. Acho que é uma afirmação válida, ainda que ninguém goste de escutá-la. Afinal, é muito mais agradável notar as falhas e os defeitos dos outros do que encarar o espelho.

Há alguns anos eu estava conversando com meu conselheiro profissional sobre uma amiga. Na verdade, eu estava no meio de um longo sermão sobre como minha amiga era mimada, hedonista e como desperdiçava seu potencial.

– Certo – disse ele. – Talvez você tenha razão. Mas será que não está agitada, em parte, justamente porque não pediu demissão, ainda que esteja falando sobre isso há tempos, me dizendo que seu emprego não é desafiador o bastante? Será que a sua amiga não a irrita tanto pelo fato de você também não estar desenvolvendo seu potencial?

Não se trata de uma sabedoria que alguém sem qualificação profissional específica possa sair aplicando aos outros. Mas é uma ferramenta poderosa para usarmos em nós mesmos. Sempre que estiver realmente furioso com o modo como seu colega, chefe ou amigo está se comportando, pergunte-se: "Há algo nisso que reflete meus próprios medos e inseguranças?" A resposta pode não ser boa, mas, em geral, é esclarecedora.

"Oi, você ligou para..."

Nos dias de hoje, correios de voz (ou secretárias eletrônicas) estão por toda parte, mas é raro se deparar com uma mensagem que seja realmente interessante, e mais raro ainda se deparar com uma que impressione.

Por que isso é tão importante? Porque a mensagem em seu correio de voz muitas vezes é o primeiro contato que uma pessoa tem com você. Consequentemente, é uma oportunidade de impressionar alguém desde o primeiro momento. Apesar disso, ouço uma infinidade de mensagens nada memoráveis, e muitas delas acabam fazendo um desserviço.

Certo dia, recebi uma ligação de uma cliente que tinha acabado de promover um gerente do escalão intermediário para um cargo executivo. Eu lhe perguntei se havia alguma coisa específica que eu deveria saber sobre ele. Minha cliente disse que o funcionário era inteligente e entusiasmado, o que era ótimo, mas receava que não fosse um "administrador nato".

Em seguida, liguei para o ramal do funcionário promovido para marcar uma reunião. A mensagem da secretária eletrônica dizia: "OI AQUI É O JOE NÃO ESTOU DEIXE UMA MENSAGEM OU LIGUE PARA O FRED NO RAMAL 212..."

Em vez de parecer competente, calmo e no controle da situação, ele dava a impressão de que estava tentando encontrar a saída de um prédio em chamas.

Era esse o objetivo de Joe ao se expressar assim? Claro que não. O fato é que ninguém jamais havia lhe dito como esse detalhe aparentemente banal podia prejudicar a impressão que ele queria passar. Conversei com ele e regravamos sua mensagem. Agora, quem liga para Joe ouve uma gravação que passa a ideia de autoridade, sendo ao mesmo tempo afetuosa e receptiva – características de quem sabe administrar.

Sendo assim, para o que você deveria atentar na hora de gravar sua mensagem na secretária eletrônica?

- Grave-a de pé e sorrindo. Assim, sua voz soará simpática e animada. Se você parecer um pouquinho entediado, cansado, angustiado, impaciente, distraído, embriagado, galanteador ou parecer estar falando com uma criança, regrave-a.
- Certifique-se de que não haja nenhum ruído do ambiente: nada de carros, músicas, cães latindo, telefone tocando, etc.
- Respire fundo e solte o ar assim que começar a gravar sua mensagem. Isso dará ressonância e autoridade à sua voz.

Espelho, espelho meu...

Muitos dos meus clientes são entrevistados pelo telefone. Outros trabalham como vendedores e têm o telefone como ferramenta profissional. Não é preciso dizer que, quando seu entrevistado ou cliente não pode vê-lo, você perde boa parte do seu poder de persuasão. Nesse caso, o tom da sua voz ganha ainda mais importância. É imprescindível passar a ideia de confiança e comprometimento e parecer extremamente animado.

Um modo fácil de soar bem é se olhar no espelho enquanto fala ao telefone. (O ideal é que você também esteja de pé, o que dá automaticamente mais entusiasmo à sua voz.) Isso porque é instintivo interagir consigo mesmo diante do espelho. Você vai sorrir, analisar se está sendo persuasivo e empolgado o bastante, e sua voz seguirá o mesmo caminho, tornando-o mais interessante para a pessoa do outro lado da linha.

Note, por favor, que você precisa respirar fundo *antes* de começar a gravar. Não queremos ouvi-lo puxando o ar na gravação.

- Certifique-se de que seu nome e quaisquer números alternativos – ou, se for o caso, o nome e o número da pessoa a ser contatada em seu lugar – sejam pronunciados com clareza. Se você ou essa pessoa tiver um nome incomum, fale ainda mais devagar.
- Mantenha sua mensagem atualizada. Essa deve ser a primeira coisa a fazer depois que você voltar de uma viagem de negócios ou de férias. Com isso haverá sempre um registro de si mesmo em sua melhor forma – mesmo nos dias em que talvez você não esteja tão bem.

Transformando o "Vamos manter contato" em realidade

Às vezes, dá tudo certo na sua reunião a dois – tão certo que a última coisa de que você se lembra é seu potencial cliente ou sócio dizendo "Vamos manter contato", estendendo-lhe a mão direita e sorrindo. Entusiasmado, você volta para o escritório ou para casa e comenta com alguém: "Foi um sucesso! Agora é só esperar o telefonema de confimação." Mas, após uma ou duas semanas, você permanece sentado ao lado do telefone com a péssima sensação de ter sido esquecido por seus pais na escola.

Por outro lado, às vezes você sai de uma reunião pensando: "Droga. Estraguei tudo... Não alcancei meu objetivo... Não houve química... Não consegui compreendê-lo... O que foi *aquilo*?!"

Os dois cenários são perfeitamente recuperáveis se você se dedicar a dar continuidade à reunião (fazer o follow-up) com o mesmo afinco com que planejou o encontro.

O primeiro passo é evitar levar isso para o lado pessoal. Afinal de contas, trata-se de negócios. O segundo é levar muito para o lado pessoal – mas do ponto de vista da outra pessoa. Você precisa se perguntar que possíveis obstáculos ou dificuldades seu interlocutor pode estar enfrentando. Pense nisso na hora de montar a sua estratégia de follow-up.

Se Fulano disse que ligaria para você e já se passou mais de uma semana, sinta-se livre para pegar o telefone e lhe deixar uma mensagem, mantendo-se neutro tanto na linguagem quanto no tom de voz. Diga algo como: "Foi um prazer conhecê-lo. Gostaria de dar continuidade à nossa conversa sobre X, Y e Z. Você pode entrar em contato por e-mail ou pelo telefone..."

Esse recado funciona, em primeiro lugar, porque lembra ao seu interlocutor como a reunião foi boa. Em segundo, porque não o acusa de nada. Não diga algo como: "Achei que a essa altura você já deveria ter me ligado", "Você disse que ligaria até o fim da semana", ou coisa parecida. Em terceiro lugar, ao incluir os assuntos discutidos, você refrescará a memória do seu interlocutor para os detalhes da reunião, facilitando as coisas para que ele retorne sua ligação. Ele não terá que vasculhar a memória ou consultar anotações. Por fim, ao lhe dar a opção de responder por telefone ou e-mail, você o deixa livre para entrar em contato da maneira que ele se sentir mais à vontade.

Se depois disso você não obtiver uma resposta, não tenha medo de tentar pelo menos mais duas vezes, sempre mantendo um tom de voz neutro e uma linguagem proativa e direta. Se ainda assim não tiver retorno, é melhor desistir. É raro que uma pessoa que faça você se esforçar tanto para entrar em contato com ela venha a ser alguém com quem queira trabalhar continuamente.

Se a pessoa retornar e contar que teve algum problema pessoal ou no trabalho, mostre-se solidário, mas não peça detalhes. Depois, pergunte qual seria o melhor momento para vocês voltarem a se falar. Mais uma vez, é importante ser proativo. Não diga algo como "Por que não me liga quando as coisas estiverem mais tranquilas?", porque, quando isso acontecer, é pouco provável que você e sua negociação estejam na lista de prioridades dessa pessoa. Se lhe parecer que ela pensou melhor no assunto e tem algumas ressalvas, não seja agressivo nem tente fazê-la mudar de ideia. Deixe-a argumentar à vontade. Quando ela terminar, diga-lhe que você leva as preocupações dela a sério e que vai pensar um pouco mais no assunto. Depois, se ainda achar que há meios de avançar, mande-lhe um e-mail apresentando suas ideias. Mais uma vez, é importante não julgar essas preocupações, apenas tratar delas. Se isso não for suficiente, desista. Ele vai mudar de opinião quando tiver tempo para refletir, ou não. Em caso negativo, novamente, é improvável que as coisas fossem dar certo se chegaram a esse nível.

Se o cliente não falou em dar continuidade mas você ainda assim está interessado em estabelecer uma ligação, sugiro que envie um e-mail dizendo que foi um prazer conhecê-lo e reforçando os motivos que o levaram a fazer contato num primeiro momento. Pode ser que esse e-mail chegue numa hora em que seu interlocutor possa prestar atenção de um modo que não foi capaz durante a reunião. Ou talvez ele ainda continue tendo certas reservas, mas sua persistência foi o bastante para lhe render uma segunda reunião. Agora você estará ciente do fator determinante e terá tudo para criar uma estratégia adequada.

EM RESUMO:

- Conhecer o seu meio principal de assimilar informações e o do seu interlocutor – verbal, auditivo ou cinestésico – e organizar a si mesmo e seu material de acordo com essa classificação ajudará as duas partes a prestar atenção e se influenciar mutuamente.
- Preste atenção no olhar e na postura dos outros. Se o olhar for desviado e a postura, defensiva, você precisa parar e reestruturar sua mensagem.

- Se você receia ter uma conversa porque seus valores, ética e crenças são distintos dos do interlocutor, coloque-se no lugar dele e mostre interesse.
- Descubra como seu interlocutor pode contribuir para o seu projeto. Ao destacar isso, você aumentará as chances de conseguir a participação dele.
- Um almoço nunca é "só um almoço". Um conhecimento prévio da sua companhia e do restaurante ao qual vocês irão é fundamental.
- Conhecer e seguir a etiqueta básica é o equivalente a conhecer e obedecer às regras de um esporte: em ambos os casos, isso é necessário para a segurança e a diversão dos participantes.
- Olhar para o olho esquerdo do seu interlocutor quando estiver falando aumenta a receptividade e a aceitação da sua mensagem.
- Homens e mulheres ouvem de maneiras diferentes – homens prestam atenção em uma coisa de cada vez, ao passo que as mulheres têm uma percepção difusa. Adaptar o estilo de sua apresentação à situação e prestar atenção nos outros enquanto estiver ouvindo facilitará a comunicação.
- Dizer o óbvio – mencionar aquilo que você acredita estar "implícito" e apontar o elefante presente na sala – pode ser um alívio para todos os envolvidos.
- O excesso de exibicionismo dos outros pode ser um indício de argumento ou ponto de vista fraco. Antes de confrontá-los, ouça e se solidarize com os sentimentos alheios. Isso em geral vai fazê-lo ir mais longe do que responder à altura.

- Se você se descobrir enfrentando uma situação desafiadora, imaginar como alguém que admira lidaria com isso pode ajudá-lo a encontrar a solução.
- Quando se sentir oprimido, reduza o problema ao básico e você verá que a situação é mais administrável do que pensava.
- Ouça cuidadosamente aquilo sobre o que as pessoas fazem piada – raramente elas estão de fato só brincando.
- Se alguém o irrita, analise honestamente por quê. Talvez seja algo que você mesmo faça sem se dar conta.
- Sua mensagem na secretária eletrônica, em geral, é o primeiro contato que os outros têm com você. Certifique-se de que ela seja receptiva e confiante.
- Planeje seu follow-up com o mesmo cuidado com que planejou sua reunião a dois, mesmo se você sentir que o entusiasmo diminuiu. A persistência costuma valer a pena.

CAPÍTULO 3

Maximizando reuniões

Imagino que muitos de vocês já olharam a agenda um dia e pensaram: "Hoje não vou conseguir trabalhar muito. Tenho uma reunião atrás da outra." Não conheço ninguém que esfregue as mãos alegremente, com um brilho nos olhos, quando fica sabendo que terá um dia desses pela frente.

Mas não precisa ser assim. Reuniões podem ser divertidas.

Para mim, uma reunião ideal é aquela em que todos - líder e colaboradores - saem da sala com uma ideia clara tanto do objetivo da equipe quanto da contribuição única que podem dar para que se alcance esse objetivo. E identificar essa contribuição será muito útil para mudar a ideia que seu chefe, seus colegas e, mais importante, você faz de si mesmo.

Meu objetivo neste capítulo, portanto, é ajudá-lo a maximizar o tempo que você passa em reuniões. Implementar certas informações pode tornar esses encontros mais produtivos e eficientes - e até mesmo prazerosos. Você passará a pensar com mais criatividade, comunicar-se com mais clareza e negociar com tranquilidade, deixando a sala de reuniões com a convicção de que mostrou o melhor de si.

O objetivo em poucas palavras

Você encontra um colega no corredor e ele lhe pergunta:

– Para onde está indo?

Ao que você responde:

– Para outra reunião de marketing. Nem sei sobre o que é...

No nosso cotidiano no trabalho, poucas coisas nos deixam mais exaustos do que assistir a uma reunião interminável, conduzida por alguém que não dedicou o devido tempo a preparar a apresentação nem para analisar as necessidades ou os interesses do grupo.

Outra dificuldade é comparecer a uma reunião em que, de forma inesperada, passamos a ser o centro das atenções, com pessoas lançando perguntas de todos os lados.

Nunca entre numa reunião sem estar preparado. Esteja você conduzindo ou apenas participando dela, tenha sempre uma ideia clara do seu objetivo, dos objetivos da sua equipe e dos objetivos da sua empresa. Pergunte-se: "Meu objetivo está tão bem definido que sua descrição caberia numa caixa de fósforos?"

Trabalho frequentemente com pessoas da indústria do entretenimento e nesse ambiente ouço muito esta pergunta: "Poderia descrever isso numa caixa de fósforos?" Isso porque, se você não consegue explicar o conceito do seu filme ou programa o mais resumidamente possível, é improvável que vá causar uma forte impressão.

Por exemplo:

Sinopse do filme *Os caça-fantasmas*: Três professores de parapsicologia desempregados montam uma empresa de remoção de fantasmas.
Argumento: "Estamos dispostos a acreditar em você."

Sinopse do seriado *Grey's Anatomy*: Um drama em torno da vida pessoal e profissional de cinco residentes de medicina e seus supervisores.
Argumento: "Operações. Relações. Complicações."

Entendeu o que eu quis dizer?

Seu manual de instruções para reuniões

Além de ser capaz de descrever seu objetivo numa caixa de fósforos, você também deve conhecer o histórico e os objetivos de quem está na sala de reuniões. Sejam eles seus colegas ou concorrentes, você precisa saber quais são os objetivos e interesses deles e a forma como ouvem, de modo que possa adequar sua mensagem e, assim, obter os resultados que busca.

Isso é importante porque, como seres humanos, somos influenciados por algo além de cifras, taxas e índices. Assim, reagimos a histórias e exemplos que se relacionam à nossa vida e aos nossos interesses: filhos, animais de estimação, passatempos, os times para os quais torcemos, etc. Reservar um tempo para descobrir os interesses dos outros participantes e incorporá-los às suas apresentações certamente vai lhe render grandes recompensas.

Eis um exemplo de como essa informação foi útil para um dos meus clientes que recebeu um convite para aparecer no programa de televisão da Oprah. Ao conversar com os produtores, não ficou decidido se o programa enviaria uma equipe para fazer imagens no escritório dele em Nova York. É claro que era isso que meu cliente queria – quanto mais material tivessem sobre ele, melhor. A fim de ajudá-los a decidir, os produtores pediram ao meu cliente que lhes enviasse algumas imagens do interior do escritório. Minha recomendação foi: "Mande uma fotografia que inclua a enorme cama de cachorro que você mantém no seu escritório." Eu sabia que a Oprah tem três cachorros.

Logo depois recebemos um telefonema dos produtores avisando que já estavam no avião, a caminho de Nova York.

Assim, da próxima vez que estiver se preparando para uma reunião com seu concorrente, além de perguntar a si mesmo: "Qual é o produto de maior sucesso deles? Que falhas eles têm em suas pesquisas? Em sua linha de produtos? No gerenciamento?". Tente também descobrir os fatores humanos que estão em jogo: "Quem está ansioso para ser promovido? Quem parece estar saindo da empresa? Quem reagiria a exemplos que citam cães? Gatos? Crianças? Futebol? Viagens? Culinária?"

Essas informações tornarão sua apresentação ou ideia mais humana, mais viva, acessível e rica em significado para seus interlocutores, aumentando a probalidade de ser lembrada e aceita.

Os papéis de cada um

Para que uma apresentação em equipe seja eficiente é preciso designar alguém para organizar previamente a reunião e assumir a liderança quando ela começar. Essa pessoa também será aquela para a qual os demais membros da equipe deverão se voltar caso se faça necessário pôr em prática uma nova estratégia no meio do caminho.

O bom de começar a pensar em suas apresentações em equipe desse modo é que assim você terá certeza de que, se houver alguma mudança de estratégia, haverá um membro da equipe designado para cuidar disso, seja qual for a situação. Isso não significa que essa pessoa não poderá convocar os demais para discutir o assunto, mas que o grupo continuará se apresentando como uma unidade. Outra vantagem é que, uma vez que os participantes entendem o papel de cada um na reunião, eles se apresentam num ritmo que passa a ideia de coesão e controle.

Outra função importante que precisa ser designada previamente é a do finalizador – aquele que, ao término da reunião, vai tomar a palavra e concluir o pedido de dinheiro, o acordo ou a negociação. Acho que esse papel não pode ser exercido pelo líder. Pela minha experiência, a alternância de funções é benéfica por vários motivos. O líder apresentou uma visão geral do assunto em discussão para todos os presentes na sala. Ele foi interessante, inspirador e visionário, mas agora é hora de falar especificamente de como a questão será resolvida. Quando isso é feito pelo líder, a mudança abrupta no tom pode fazer os interlocutores se sentirem abandonados, na melhor das hipóteses, ou enganados, na pior.

Outra razão pela qual pode ser benéfico dividir as funções é que algumas pessoas se identificam com personalidades visionárias e ousadas, ao passo que outras são muito "apegadas à realidade". Variar o estilo da apresentação garante que todos os ouvintes se sintam seguros de que existe alguém que fala a língua deles.

Essa estratégia é útil também porque fazer uma boa apresentação, criando um cenário inspirador e convincente, cansa. Exigir que uma só pessoa fique o tempo todo no comando é problemático.

Por isso, quando planejar sua estratégia, pense também na função que vai exercer. O sucesso requer trabalho e planejamento.

Aliado ou observador?

Uma das perguntas que peço que meus clientes façam aos colaboradores quando estão preparando uma apresentação em equipe é: "Quem vocês querem que eu seja nessa reunião: um aliado ou um observador?"

Com isso quero dizer que, uma vez que o líder da equipe tenha sido escolhido, o restante do grupo precisa exercer uma ou outra – e às vezes as duas – dessas funções.

Quando você age como aliado, sua função é se sentar perto dos demais membros da sua equipe e olhar para a pessoa que está falando como se ela fosse a mais fascinante da face da Terra. Como eu já disse, 55% do impacto que você causa se deve ao elemento visual da sua apresentação, e não estou falando dos slides nem das peças gráficas. Estou falando de você. Se um membro da equipe não estiver interessado no que o líder deles está dizendo, então por que as pessoas que estão ouvindo a apresentação deveriam se interessar? Muita gente na sala vai tomá-lo como exemplo.

Se for o observador, seu trabalho é fazer uma análise contínua das expressões das pessoas para as quais sua equipe está fazendo a apresentação. Será que ela parece entediada? Ele parece confuso? Ela está decepcionada? Ele está frustrado? Observar essas reações permitirá que você, durante a sessão de perguntas e respostas, formule perguntas direcionadas, como: "Percebi que alguém pode ter ficado confuso quando falamos sobre X. Há algo que possamos esclarecer?", ou: "Notei que alguns de vocês pareceram frustrados com a nossa decisão sobre Y. Há algum aspecto que não ficou claro?".

Trabalhar assim traz benefícios imediatos e também de longo prazo. As pessoas na reunião sentirão que suas dúvidas e preocupações foram imediatamente esclarecidas e sairão seguras de que você e sua equipe estão comprometidos em continuar resolvendo os problemas que venham a surgir.

Seu lugar à mesa

Você foi chamado para uma reunião. Na sala reservada há uma mesa com cadeiras ao redor. Você se senta no lugar vago mais próximo e pronto – já mandou uma mensagem para todos sobre qual acha que será seu papel no encontro.

Como saber o significado de cada assento?

Que o lugar na cabeceira da mesa é considerado a "cadeira do poder" todo mundo sabe. Se você estiver conduzindo a reunião, ocupará esse lugar. E quanto às outras cadeiras? E o que fazer se vocês se apresentam como uma equipe?

Em minha experiência, o lugar à direita da pessoa que está na cabeceira, assim como na mesa do jantar, é o segundo em prestígio. Depois dele, não há uma ordem hierárquica clara, embora seja verdade que algumas pessoas disputam o lugar na outra ponta da mesa.

Outros elementos a serem levados em consideração são as janelas. Onde elas estão localizadas? Se estiverem às suas costas, as pessoas à sua frente talvez se distraiam com o que está acontecendo atrás de você. Além disso, se for um dia de sol, essa disposição pode impedir que as pessoas olhem diretamente na sua direção. Para que lado fica a porta? Você não vai querer que as pessoas que chegarem atrasadas à reunião passem por trás de você e, assim, distraiam os demais.

Quando meus clientes precisam se apresentar em equipe, sugiro que se sentem todos juntos, de um só lado da mesa, ou correrão o risco de passar a mensagem de que, quando voltarem para o escritório, não vão se comunicar. A razão disso é que as pessoas que não conseguem se sentar lado a lado transmitem a ideia de que não se entendem muito bem.

Atenção: embora eu geralmente não reduza as coisas à questão de gênero, aqui farei isso. Ao longo dos anos nesta profissão, percebi que, em geral – e por razões que vão além do tema deste livro –, os homens raramente se sentem à vontade sentados ao lado de outro homem. Por favor, superem isso. Espalhando-se pela mesa, uns longe dos outros, vocês estão fazendo um grande desserviço a si mesmos.

Mãos ao alto!

Embora eu já tenha discutido a importância de prestar atenção à sua postura à mesa, estou dando destaque à posição das mãos nesta seção para enfatizar como isso é importante para comunicar suas intenções aos outros.

Alguns clientes tendem a falar com as mãos quando elas estão sobre a mesa e me perguntam se isso é ruim. Não, se seus movimentos forem uma extensão natural daquilo que você está dizendo. As mãos só se tornam um problema quando estão fazendo alguma coisa para aliviar seu nervosismo, como batendo com um lápis na mesa ou girando a aliança, por exemplo.

Se seu objetivo é inspirar confiança, uma das formas mais fáceis de conseguir isso é manter suas mãos onde as pessoas possam vê-las. Quando estiverem sobre a mesa, aconselho que as mantenha abertas, já que fechar ou cruzar as mãos à sua frente cria uma barreira entre você e as pessoas para as quais está falando.

O mesmo princípio se aplica se estiver de pé. Se quiser que os outros confiem em você, mantenha as mãos longe dos bolsos. Deixá-las à vista indicará que suas intenções são honestas e favoráveis. Por outro lado, colocar suas mãos nos bolsos passará uma mensagem de desconfiança e inacessibilidade, sem mencionar que arruinará o caimento do seu terno.

O olhar do primeiro encontro

Boa parte do meu trabalho é voltada para equipes que vão sair em campo a fim de apresentar uma empresa, um produto ou uma ideia, em geral mais de uma vez.

Com frequência vejo que, por terem que ouvir os colegas dizendo a mesma coisa vezes seguidas, os demais membros da equipe usam o tempo em que os outros estão falando para mexer no celular, limpar as unhas e olhar pela janela.

Isso é péssimo.

O fato de você não estar falando não significa que não esteja apresentando. Como eu já disse, 55% do impacto que causamos é visual, e se *os membros da sua equipe* já não se importam em continuar prestando atenção no que um deles tem a dizer, por que as outras pessoas à mesa dariam ouvidos a vocês?

Seja qual for a situação, meu conselho é que os membros da equipe continuem a olhar para quem está falando como se estivessem num bom primeiro encontro, mesmo que já conheçam aquele discurso de cor e salteado. Eles precisam estar atentos, demonstrar seu apoio e parecer visivelmente interessados na história que estão ouvindo, como se a escutassem pela primeira vez.

E se for a trigésima vez que você ouve aquilo? Caso a possibilidade de conquistar um novo cliente ou um novo contrato não seja incentivo suficiente, recorra à audição interna ativa.

Fazer uma audição interna ativa é repetir mentalmente tudo o que o colega está dizendo, palavra por palavra. Isso o obriga a ouvir de um jeito novo, como se jamais tivesse escutado aquilo antes.

Pratique. Da próxima vez que você presenciar seu chefe, parceiro ou amigo contar uma história que já ouviu pelo menos cinco vezes, repita-a na sua cabeça. Esse exercício é útil sobretudo se você acha que a história não tem a menor graça.

Quando você começar a ouvir seus colegas assim, a reação da sua plateia será: "Puxa, vocês parecem pessoas unidas e coesas. Tenho a impressão de que trabalham mesmo em equipe."

Concorde e acrescente

Na improvisação teatral, existe um exercício chamado "Concorde e acrescente" cujo propósito é deixar que o diálogo continue fluindo. A ideia é que, não importa o que alguém diga ou faça – por mais desconexo, exagerado ou contraditório que seja –, você só pode dizer "Sim, e...". Depois, cabe a você levar a ação ou o diálogo na direção que quiser. É proibido dizer "Não", "Mas" ou "Espere, achei que iríamos fazer de outro jeito", etc.

Por que isso é um instrumento útil em reuniões? Porque poucas coisas matam a credibilidade de uma equipe mais depressa do que membros do grupo se contradizendo durante uma apresentação. Se, por exemplo, você está argumentando e um colega diz "Não, o que discutimos foi X", acabou de estragar tudo. Nesse momento, você e seus colegas de equipe não só deixarão de interagir com o cliente para poder esclarecer o que estão querendo dizer, como também terão que resolver a questão na frente de todo mundo. E, mesmo que consigam fazê-lo sem estardalhaço, pode ser difícil retomar o fluxo – lembrar-se do ponto em que estava quando foi interrompido e se sentir novamente seguro da sua capacidade de concluir sua parte da apresentação.

Dito isso, o que fazer se alguém da sua equipe acabou de dizer algo que você sabe que está errado ou que não está de acordo com o que haviam discutido anteriormente? Há algumas alternativas. Se for uma coisa menor, ignore. Dependendo da gravidade do erro, você pode esperar até que o seu colega termine de falar e usar uma destas frases:

- "Gostaria de acrescentar algo ao que Mike disse..."
- "Gostaria de esclarecer um ponto na argumentação de Mike..."
- "Gostaria de aprofundar uma informação que Mike lhes passou..."

Se for algo grave demais para ignorar – os números estão todos errados, os prazos discutidos são impossíveis de serem cumpridos por causa dos fatores X, Y e Z –, sugiro que esclareça o equívoco com o mínimo de confusão.

Primeiro, peça desculpas antecipadamente pela interrupção: "Mike, preciso interrompê-lo por um segundo, por favor." Se puder sorrir enquanto fizer isso, melhor.

Depois, não se justifique nem se desculpe pela informação equivocada que Mike deu. Atenha-se ao básico. Ninguém precisa saber que os números foram alterados depois que ele foi dormir ou algo do tipo. Em seguida, passe rapidamente do "quê" – "Aquele prazo não vai dar certo" – para o "porquê" – "por causa de X, Y e Z". Se o problema puder ser resolvido na hora, faça isso.

Caso contrário, aponte-o e continue: "Queria apenas citar esse fato. Discutiremos isso depois da reunião e tentaremos confirmar os novos valores/prazos/etc. até o fim do dia."

Por fim, você precisa devolver a bola para o seu colega. "Só queria esclarecer isso. Agora o Mike pode voltar a falar dos nossos índices de produtividade para o próximo trimestre." Nessa hora, é importante restabelecer a autoridade e a credibilidade do colega perante o grupo.

Por isso, da próxima vez que perceber um colega, seu cônjuge ou seu chefe se desviando do caminho, tente conter o impulso de trazê-los de volta com uma rasteira. Em vez disso, concorde e acrescente.

O que está funcionando?

Aprendi esta lição num maravilhoso artigo que li numa revista há alguns anos. O tema era como resolver problemas com mais eficiência e eficácia. O autor lembrava aos leitores uma cena do filme *Apollo 13* na qual os cientistas se reuniam para discutir como trariam Tom Hanks, Kevin Bacon e Bill Paxton de volta do espaço vivos. A primeira coisa que perguntaram sobre os equipamentos da nave foi: "O que está funcionando?"

O argumento da autora é que, quando estamos numa situação difícil, nosso instinto, em geral, nos leva a focar no que não está funcionando, em vez de no que está, e isso não facilita muito a solução do problema.

Mas, se não discutirmos o que está errado, como poderemos dar início às mudanças? Essa é uma pergunta válida, mas repare que "O que está funcionando?" foi apenas a primeira coisa que os técnicos da Nasa indagaram, não a única.

Infelizmente, começar pelos problemas, pelos erros e pelo drama parece ser a regra. É preciso tranquilidade para dar um passo atrás e perceber que isso não só é perda de tempo como também tende a comprometer o moral da equipe. Essa abordagem faz com que as pessoas se sintam subjugadas e, por consequência, se tornem beligerantes, defensivas, derrotadas ou banquem a vítima.

Por isso, da próxima vez que você se reunir com sua equipe ao redor de uma mesa, se preparando para avaliar o mais recente problema, reflita por um instante antes de focar no que não está dando certo e tente discutir o que está funcionando. Isso pode até não fazer muita diferença na solução que você encontrará, mas é mais do que provável que o ajude a alcançá-la mais depressa.

"Por que você está fazendo isso desse jeito?"

Há alguns anos eu comecei a dar aula de ioga. E, como muitos professores iniciantes, eu tinha várias ideias de como os movimentos "deveriam" ou "não deveriam" ser feitos pelos meus alunos – em geral, esperando que os fizessem exatamente do modo como eu havia dito. Por consequência, meu pensamento quando via alguém fazendo algo diferente era: "O que há de errado com você? Por que não está me ouvindo?" Ao longo dos anos, contudo, ao fazer e dar mais aulas, percebi que, quando eu ou meus alunos alterávamos alguma coisa, geralmente havia uma justificativa para isso. Também senti que, se um professor me corrigia sem indagar meus motivos, aquilo me deixava irritada. Então aprendi a fazer uma pergunta mágica que tornou a vida dos meus alunos bem mais fácil: "Pode me dizer por que você está fazendo isso desse jeito?" O surpreendente foi que ela se mostrou valiosa em várias outras situações.

Recentemente, por exemplo, eu me encontrei com um cliente que se recusava a ler palavra por palavra do roteiro que lhe era mostrado no teleprompter. Essa foi uma das primeiras coisas que ele agressivamente me informou, assim que entrei na sala.

Naquele momento, teria sido fácil ficar na defensiva e me perguntar por que ele havia me contratado, já que pretendia continuar trabalhando do mesmo jeito que sempre trabalhara. Em vez disso, usei a pergunta mágica: "Ótimo. Pode me dizer por que você gosta de fazer isso desse jeito?" Embora temporariamente confuso pela falta de resistência da minha parte, logo as histórias vieram à tona. Descobri que meu cliente havia tido algumas experiências ruins e, por isso, mantinha algumas angústias justificadas. Ele percebeu que eu não era sua inimiga nem era insensível à causa dele. Naquele instante, estávamos tendo um diálogo – não uma discussão. E, quando você está tendo um diálogo, a

Você realmente não deveria

Sempre que ouço a palavra "deveria" expressando um dever ou obrigação, vejo que é algo que precisa de uma avaliação mais minuciosa. Isso porque usar "deveria" nesses contextos costuma ser o resultado de um comportamento que não é obrigatório (por exemplo: "Os guardanapos deveriam ser dobrados deste modo." Mesmo? Isso estava escrito numa das tábuas que Moisés trouxe da montanha?) ou o resultado de um sentimento de culpa (por exemplo: "Eu realmente deveria visitar meus sogros este fim de semana."). Em ambos os casos, "deveria" está sendo usado equivocadamente. No caso dos guardanapos, a maneira correta de dizer seria: "Gostaria que você dobrasse os guardanapos deste modo." Esta frase é precisa e também alivia o sentimento das pessoas às quais você está se dirigindo – faz com que elas se sintam menos tolas pela escolha que haviam feito. No caso dos seus sogros, a maneira mais apropriada de se expressar poderia ser: "Vou planejar uma visita aos meus sogros para este fim de semana." Ser objetivo o permite continuar sendo honesto consigo mesmo e com sua esposa ou seu marido. Você não tentará se convencer de sentimentos que não eram sinceros e não correrá o risco de ofender ninguém.

Assim, sempre que achar que você mesmo ou que as pessoas ao seu redor "deveriam", reflita um pouco e, depois, expresse-se com mais precisão.

probabilidade de uma mudança ou de um comprometimento é muito, muito maior.

Outro motivo por que essa frase é tão útil é que é bem possível que alguém esteja agindo daquela maneira porque foi mal informado ou porque dispõe de informações melhores ou mais completas do que você. No primeiro caso, corrigir a pessoa sem lhe perguntar seus motivos pode causar uma sensação ruim. É provável que ela se sinta ofendida, achando que a julga insubordinada ou incompetente. No segundo caso, você tem a oportunidade de aprender algo – o que é sempre positivo.

Evitando a armadilha dos resumos impressos

Nesses tempos em que todos têm acesso a um computador, nem que seja para usar o editor de texto, é comum ir a uma reunião e receber uma folha impressa com o resumo dos assuntos a serem tratados. Embora ache que confiamos demais no nosso trabalho escrito quando estamos apresentando ideias, eu me rendo diante do fato de que esse item passou a ser considerado imprescindível.

O que não aceito é que os participantes fiquem lendo o material impresso durante a reunião. Quando eles folheiam para ver o que está por vir deixam de prestar atenção ao que está sendo dito. É provável que se detenham muito mais no resumo do que na exposição das ideias, ignorando, assim, detalhes importantes.

Recomendo que se crie um resumo de uma página, ressaltando estatísticas cruciais ou estratégias, para ser entregue aos presentes quando eles deixarem a sala, ou que se envie um e-mail, depois da reunião, com essas mesmas informações. Se for seguir meu conselho, então não deixe de avisar aos participantes assim que o encontro começar. Isso evitará que você perca a atenção dos anotadores crônicos.

Se, contudo, você não abre mão de ter um material impresso para ser usado na reunião, seja porque está familiarizado com o

"Meu pedido é..."

A maioria de nós se sente pouco à vontade ao pedir que os outros façam algo por nós. Por consequência, nos dividimos entre o exigente "Quero que você faça isso" e o fraco "Seria ótimo se você pudesse fazer isso". A primeira opção pode lhe render a reputação de tirano, ao passo que a segunda pode fazer com que as pessoas comentem que você é evasivo e medroso, afinal, se quer que algo seja feito, por que não pede de uma vez? Assim, eu lhes presenteio com uma frase que resolve bem essa questão: "Meu pedido é...", ou "Minha solicitação é a seguinte...".

Essa maneira de se expressar é interessante porque deixa bem claro que você de fato pediu alguma coisa, e, de quebra, ao não usar a combinação "eu/você", evita que as pessoas se sintam oprimidas ou acuadas por sua solicitação.

processo ou por causa da complexidade do assunto, recomendo que, antes de entregar o material, diga aos presentes: "Peço que todos permaneçam na página que está sendo discutida. Por favor, não se adiantem na leitura."

"Na falta de ordens, inicie a ação apropriada"

Esta é outra frase do Corpo de Fuzileiros Navais que adoro e espero que faça parte da consciência geral um dia, já que não assumir a devida responsabilidade se tornou uma epidemia.

O valor dessa ética para o bem pessoal e corporativo é inegável. Eis aqui alguns exemplos.

Há alguns anos, tive a sorte de ouvir uma palestra de Isadore Sharp, o CEO da cadeia de hotéis Four Seasons. Ele disse à plateia que um dos grandes fatores para o sucesso da rede é a diretriz de contratar funcionários tendo como critério o comportamento, pois a competência é algo que se pode ensinar. Sharp acredita que essa orientação nas contratações está entre os motivos que tornaram a Four Seasons a principal cadeia de hotéis de luxo do mundo. Além disso, ele disse que um dos maiores fatores de satisfação dos clientes e funcionários é a política de "erro zero" da empresa. Quando erros inevitáveis ocorrem, os gerentes confiam na capacidade dos funcionários para usarem o bom senso e transformarem os contratempos em oportunidades de se prestar o melhor atendimento.

O resultado? Os hóspedes saem ganhando, pois conseguem uma retificação imediata do problema sem ser preciso que recorram à gerência. Os funcionários saem ganhando, pois sentem que a gerência confia neles para que tomem as melhores decisões. E a gerência sai ganhando em dobro, porque mantém hóspedes e funcionários satisfeitos.

Há muitos anos, tive um cliente que trabalhava como corretor de ações *trainee* numa das maiores financeiras de Manhattan. Certo dia ele entrou no banheiro masculino, que estava cheio de toalhas de papel jogadas no chão, e começou a recolher a sujeira. Naquele instante, um dos diretores da empresa entrou no banheiro e perguntou:

– O que você está fazendo?

– Estou recolhendo as toalhas de papel – respondeu meu cliente.

– Por quê?

– Porque estão no chão.

– Mas esse não é seu trabalho.

– Concordo, mas, se por acaso um investidor entrasse aqui, ficaria com uma péssima impressão da empresa.

Embora isso não tenha lhe rendido acesso imediato a um posto de comando, a iniciativa o ajudou a melhorar sua reputação entre os executivos.

Costumamos sair das reuniões sem uma ideia clara de qual é ou poderia ser nosso papel, sem assumirmos a responsabilidade por qualquer ação específica, simplesmente porque ninguém nos pediu que agíssemos assim. Como você pode ver, no entanto, demonstrar iniciativa e recompensá-la pode ser um jeito indolor e sem custo de subir na carreira, inspirar a satisfação dos funcionários, aumentar o faturamento e, por fim, mas não menos importante, permitir que você durma à noite sabendo que fez tudo o que estava ao seu alcance para dar o melhor de si.

Fazendo a crítica construtiva ser construtiva

A avaliação de desempenho é aquela reunião anual sempre adiada, interrompida ou encurtada. Acredito que isso aconteça porque, apesar de haver literalmente bilhões de maneiras de dar às pessoas orientação e feedback, isso pode ser algo incrivelmente delicado. Muitos hesitam ou demoram a fazer isso por medo de atrapalhar ainda mais o desempenho da outra pessoa. E, do outro lado, alguns funcionários ficam tão chocados ou angustiados pelo modo como recebem uma crítica que acabam desmoralizados, o que diminui a motivação para se destacarem. Mas se você puder combinar esses dois elementos – desempenho e motivação – ao fazer ou ouvir uma crítica, tudo ficará bem mais fácil.

Quando eu era professora numa pré-escola (sim, parece que já fiz de tudo), um dos pontos mais importantes que abordávamos na sala de aula e com os pais era jamais dizer "Que menino bonzinho" ou "Que menina boazinha". Em vez disso, preferíamos: "Gostei muito de ver você dividindo aquele carrinho com seu colega" ou "Obrigado por lavar as mãos antes do lanche". Do mesmo modo, nunca dizíamos "Que menino mau" ou "Que menina má!". Em vez disso, explicávamos: "Preciso que você comece a recolher os brinquedos quando eu disser que é hora de arrumar a sala", ou "Você não pode arrancar os livros da mão do seu amiguinho".

Relacionar o comportamento à personalidade é arriscado. Abordar a disciplina desse modo faz com que as crianças comecem a se perguntar se são pessoas boas somente quando estão fazendo as coisas do jeito certo ou exatamente como lhe pediram, ou se são más quando erram ou desobedecem. Em qualquer caso, é improvável que se sintam boas pessoas por muito tempo. E, quando acharem que não têm nada a perder, pois você já se decidiu a respeito da personalidade delas, a motivação das crianças para ouvi-lo e mudar de comportamento diminuirá dia após dia.

Por mais difícil que seja admitir isso, no fundo não somos tão diferentes das pessoas que éramos na pré-escola. Gostamos de histórias, de lanchinhos, da rotina entremeada com brinquedos novos e de viagens. E desempenhamos melhor nossas tarefas quando a crítica não é levada para o lado pessoal. Ao ouvirmos algo do tipo "Você sempre faz X, e eu lhe disse milhões de vezes para fazer Y", ou "Quando lhe peço para fazer Z, isso não quer dizer que você tem um dia para fazer. Precisa fazer na hora", perdemos a motivação. Se, contudo, a reprimenda estiver separada da implicação em nossa personalidade – sem dar a entender que somos esquecidos, preguiçosos, etc. –, a chance de aquele comportamento mudar na hora ou no futuro aumenta consideravelmente. Assim, critique o processo, e não a personalidade. "Y é muito mais rápido ou fácil que X. Por favor, faça assim. X não é uma opção", ou "Z precisa ser feito agora. E agora é agora".

Outro elemento crucial na crítica construtiva é registrar por escrito suas expectativas em relação aos subordinados e conversar com eles sobre como veem essas expectativas, primeiro quando são contratados e depois a intervalos regulares. Se você simplesmente entrega a alguém uma folha de papel ou lhe envia um e-mail, há grandes chances de que suas orientações sejam interpretadas equivocadamente. No meu mundo ideal, as pessoas elaboram juntas e assinam um documento contendo as expectativas de desempenho. Isso diminui os mal-entendidos e aumenta a parceria entre elas.

S.M.E.A.C.

S.M.E.A.C. é uma sigla emprestada do Corpo de Fuzileiros Navais. Serve para designar uma estrutura mental fácil e intuitiva para transmitir informações de maneira eficiente a um grupo de pessoas sobre uma tarefa iminente. Depois que você a utiliza algumas vezes, ela surge naturalmente e lhe propicia um check-list mental que garante que nenhum elemento essencial do planejamento seja ignorado. S.M.E.A.C. significa:

Situação – Precisamos preparar uma proposta de venda para um projeto novo rapidamente.

Missão – Garantir que o plano que elaboramos nos leve à venda. Quando todos conhecem a missão global, há um espaço maior para a avaliação individual e a iniciativa caso a situação seja alterada.

Execução – Tom reunirá dados sobre as exigências formais do comprador em potencial, Beth obterá informações sobre quem avaliará a proposta e John será o responsável pelos aspectos gráficos. Três dias antes da apresentação todos nós iremos nos reunir e criar um primeiro esboço.

Administração e logística – Trata-se do que precisamos para que o trabalho seja feito. Vamos nos reunir no escritório do Tom na terça-feira, às 9h, Beth será a responsável por trazer o laptop, um quadro branco e canetas para fazermos um brainstorming e John providenciará o café. Guardem os recibos de todas as despesas envolvidas, já que o cliente disse que vai nos reembolsar por elas.

Comunicação – Decidimos como manteremos contato enquanto executamos a missão. Por exemplo, se houver qualquer problema antes da última reunião, use o e-mail. Se alguém tiver problemas em determinado dia, avise o restante da equipe por telefone.

Por que a estrutura S.M.E.A.C. é útil? Porque provê um modo organizado de falar com sua equipe sobre a realização de determinado objetivo. Por exemplo, digamos que seu chefe peça que você e sua equipe escrevam e apresentem um relatório a ele em 48 horas. Usar a estrutura S.M.E.A.C. é uma ótima maneira de evitar que todo mundo fique focado apenas no prazo. Em vez disso, faz com que o grupo se atenha aos passos necessários para que o prazo seja cumprido. Desse modo, você não só administra melhor o moral da equipe como também garante que todos saibam quais tarefas precisam realizar e que nada será desperdiçado no processo.

Meu irmão me contou que no Corpo de Fuzileiros Navais o elemento normalmente mais subestimado é a comunicação – como você planeja manter contato durante o processo? Que pontos de controle criará para garantir que todos estejam cumprindo o prazo ou para que você possa alertá-los prontamente, caso não estejam? Com que regularidade essas verificações ocorrerão? Esse tipo de comunicação constante é crucial para garantir que vocês não entrem numa sala esbaforidos e em cima da hora e só então ouçam alguém dizer: "Houve um problema. Eu não lhes disse antes porque não pude encontrá-los, mas não consegui descobrir X ou fazer Y."

Essa abordagem evita que alguém falhe em situações nas quais não há espaço para equívocos. E, além de tudo, também faz com que você pareça equilibrado e organizado quando está encarregado de liderar uma equipe temporária à qual foi dada uma tarefa que precisa ser feita às pressas. Basta que você ataque logo com: "A situação é X, nossa missão é Y e vamos realizar isso por meio de A, B e C."

EM RESUMO:

- Explique e resuma o objetivo da sua reunião de modo que possa escrevê-lo numa caixa de fósforos.
- Não se detenha apenas no objetivo quando estiver fazendo uma pesquisa para um projeto. Saiba quem estará na sala e quais os fatores humanos em jogo.
- Designe alguém para ser o líder e outra pessoa para ser o finalizador da reunião antes de entrarem na sala.
- Determine quem vai exercer os papéis de aliado e de observador entre os demais membros da equipe, depois prossiga de acordo com as atribuições de cada função.
- O lugar que você escolhe ocupar à mesa transmite uma mensagem tão forte quanto o que você poderá dizer. Escolha com inteligência.
- Se quiser ganhar a confiança dos outros, mantenha suas mãos onde eles possam vê-las.
- Caso você não esteja falando, deve olhar para quem está fazendo a apresentação como se essa fosse a primeira vez que se encontram.
- Se for necessário corrigir alguma ideia, use "Sim, e..." em vez de "Não" ou "Mas".
- Quando um problema parecer insolúvel, comece focando no que está dando certo.
- Não presuma que você sabe por que os outros estão alterando suas instruções. Pergunte antes de tirar conclusões.
- Distribua resumos ao fim das reuniões, e não antes. Se isso for impossível, peça de antemão que todos permaneçam na mesma página.

- Quando vir algo que precisa ser feito, tome a iniciativa e resolva você mesmo. Não espere por alguma ordem para fazê-lo.
- Associe a crítica construtiva ao processo, não à personalidade. Em vez de "Você não pode deixar para mais tarde. Faça X imediatamente", diga "X precisa ser feito agora".
- Certifique-se de que todos os membros da equipe conheçam a estrutura S.M.E.A.C. – Situação, Missão, Execução, Administração e logística e Comunicação – para cada projeto.

CAPÍTULO 4

Entrevista de emprego sem estresse

Entrevistas de emprego versus tratamento de canal. Para muitas pessoas, é difícil decidir qual preferem evitar.

Já enfrentei muitas entrevistas de emprego e, em geral, as temia. Se me faziam perguntas para as quais não estava preparada, eu ficava me martirizando mentalmente. Quando encontrava uma resistência que não havia imaginado, eu tinha vontade de chutar o entrevistador. Quando fui entrevistada pela primeira vez para trabalhar numa editora, por exemplo, a pessoa que seria minha chefe disse que não se sentiria bem me contratando porque eu era velha demais para que me pedisse que comprasse cigarros para ela. Fiquei abrindo e fechando a boca como um peixinho, sem conseguir dizer nada.

Sei que uma das razões de eu não me preparar para as entrevistas era justamente achar que havia muita coisa em jogo. Queria tanto o emprego que só de pensar nele ficava nervosa, e por isso deixava a preparação para depois ou me convencia de que me sairia melhor na base do improviso. O problema é que esperança não é uma estratégia.

Quando você começa a perceber que tem muito mais controle sobre o processo de entrevista do que imagina, ganha coragem e segurança. Conhecer a história da empresa pode ajudá-lo a se antecipar às perguntas do entrevistador e a formular perguntas inteligentes.

Este é o objetivo deste capítulo: fazer você se sentir seguro para lidar com qualquer coisa que lhe aconteça e chegar até a esperar ansiosamente pelas perguntas difíceis. Vou ajudá-lo a se munir de uma atitude confiante que inspirará tanto a si mesmo quanto seu futuro empregador.

Três palavras

Antes de toda sessão de orientação, peço aos meus clientes que respondam a um breve questionário, com as seguintes perguntas:

- Como você se descreveria usando três palavras?
- Alguém já fez algum comentário positivo ou negativo sobre essas características?
- Quais as três palavras que você gostaria que seu entrevistador usasse para descrevê-lo quando a entrevista terminasse?

As respostas me ajudam a entender como os clientes se veem, a esclarecer qualquer interpretação equivocada que eles ou outras pessoas possam ter a respeito de sua imagem e a lhes mostrar no que precisam se concentrar para alcançar suas metas naquele momento.

Uma palavra que atribuí a mim mesma quando fiz esse exercício foi "comunicativa". Quando confrontei essa autoimagem com a imagem que meus amigos faziam de mim, fiquei surpresa. Soube que a primeira impressão que tinham de mim era a de uma pessoa reservada, tímida e quieta. Só depois que me conheciam melhor eles descobriam que eu não era exatamente assim.

Quando citava essa minha característica numa entrevista de emprego, ninguém acreditava em mim. Como a maioria das empresas busca pessoas seguras, sociáveis e comunicativas – e eu inicialmente me mostrava uma profissional reservada –, não é de admirar que eu não conseguisse passar para o próximo estágio do processo seletivo. Entrevistas, em geral, duram muito pouco, e por isso meus empregadores nunca me viam como uma candidata viável – não dava tempo de me conhecerem como eu realmente sou.

Munida dessa informação, decidi sair da minha zona de conforto de interação pessoal na minha entrevista seguinte. Já comecei me mostrando extrovertida, comunicativa e interessada.

Foi fácil? Não. Tive que praticar. Mas essa prática valeu a pena para mim – e pode valer a pena para você também. Portanto escolha três palavras que quer que seu entrevistador use para descrevê-lo quando sair da sala. Quer que ele diga que você é confiante? Bem informado? Responsável? Obstinado? Flexível? Um líder?

Depois de selecionar as três palavras, pergunte a si mesmo e a alguns amigos de confiança se eles usariam essas mesmas três palavras para descrevê-lo. Se não concordarem, não entre em pânico. Garanto que são qualidades que você tem. Talvez não sejam as que você mostre de cara, mas elas estão à sua disposição. Você tem a capacidade de expressar quaisquer características necessárias para mostrar o melhor de si em qualquer situação. Se as palavras mencionadas por seus amigos não descrevem características que lhe seriam úteis numa entrevista de emprego, assuma o desafio de sair da sua zona de conforto e de praticar aquelas que demonstrarão esse potencial infinito aos outros.

Suas reações podem entregá-lo

Muitas vezes nos envolvemos numa situação pensando que sabemos qual a melhor atitude ou o melhor comportamento a ser adotado. Ou então achamos que temos uma ideia do tipo de pessoa que consegue determinado emprego. Por exemplo, corretores da Bolsa são agressivos e diretos, professores de pré-escola são carinhosos e dóceis, etc. O problema desse raciocínio é que ficamos tão apegados à ideia de qual atitude ou comportamento é o mais adequado que acabamos ignorando ou desprezando as características que nos seriam mais úteis num dado momento.

Identifiquei um exemplo impressionante dessa incompreensão da variedade de qualidades necessárias para ser bem-sucedido num cliente que, depois de perder milhões de dólares de investidores numa empresa virtual, me procurou para que eu o preparasse para entrevistas de emprego. Quando lhe perguntei como ele se descreveria, meu cliente falou que era agressivo, dominador e direto. Ele estava seguro de que essas características lhe seriam vantajosas durante o processo de entrevista, pois mostrariam aos empregadores em potencial que ele ainda era durão, ainda era ousado. A resposta dele à pergunta "Por que um empregador em potencial deveria contratá-lo?" foi: "Não tenho medo de arriscar. Posso ter falhado, mas pelo menos tentei."

O problema era que, enquanto falava, sua linguagem corporal denunciava outra coisa. Ele se mexia de um lado para outro, inclinava-se demais para a frente, reclinava-se na poltrona e olhava pela janela. Embora meu cliente imaginasse que aquela tática seria eficiente, vi que não estava à vontade com sua própria resposta. Se ele citasse essas características numa entrevista, o entrevistador não acreditaria nele, mesmo sem saber por quê.

Ao longo do treinamento, conversamos muito sobre o que significava se apresentar às pessoas como alguém agressivo, dominador e direto. Será que havia ocasiões nas quais ser mais "brando" teria sido uma escolha mais eficiente? Então o cliente me contou a história de quando vestiu um terno muito elegante para contar a um de seus investidores – uma idosa – que perdera todo o seu dinheiro. Ele disse que, depois, sentiu-se mal e desejava ter feito uma escolha que parecesse mais acessível e que, assim, demonstrasse mais compaixão e mais responsabilidade.

No fim do dia, quando lhe perguntei novamente por que um empregador em potencial deveria contratá-lo, sua resposta foi: "Porque conheço o valor do dinheiro. Sei o que significa perder o dinheiro da aposentadoria dos investidores ou o dinheiro da educação de seus filhos, e jamais deixarei que isso aconteça novamente."

Ao dizer isso, o cliente não ficou se remexendo. Ele me olhou nos olhos. E acho que agiu da mesma maneira na entrevista, pois conseguiu o emprego.

Então como saber se nos comportamos de acordo com a imagem que queremos passar? Pense nas palavras usadas por você para descrever o comportamento que julga mais adequado para a situação. Se perceber que estão todas no mesmo grupo emocional, pare e reveja sua abordagem, porque são pouquíssimos os empregos que requerem uma reação única. Mostrar ao entrevistador que você é capaz de lidar de formas diferentes com colegas de trabalho, prazos e pressões irá deixá-lo muito mais tranquilo.

Reduza o leque de possibilidades

Volta e meia trabalho com editores de revistas. Uma das questões aparentemente simples que preparamos para eles é conhecida como "pergunta fatal": "Pode me falar sobre a revista?" Ela é chamada de pergunta fatal porque as possibilidades de respostas são tantas que as pessoas não sabem o que responder. Isso acontece muito em festas também. Da próxima vez que você ouvir alguém perguntar "Tem lido bons livros ultimamente?", observe como as pessoas ficam atordoadas.

Uma pergunta desse tipo parece ser a ideal para iniciar uma conversa, mas na verdade a interrompe. Elas ocorrem com frequência na televisão porque os apresentadores, em geral, estão tão ocupados com reuniões e matérias que têm pouco tempo para se preparar.

Como lidar com isso? Recorra imediatamente a algo específico. No caso dos editores de revista, eles respondem: "Nesta edição, fiquei muito entusiasmado com nossa matéria a respeito de Y."

Se você é um empresário, talvez tenha que responder a uma pergunta do tipo "Pode me falar sobre sua empresa?". Sugestão de resposta: "Aquilo de que mais gosto no meu ramo é X."

Se estiver numa entrevista de emprego e a pergunta for "Pode me falar mais sobre seu emprego anterior?", responda: "O que mais me agradava no meu emprego anterior era..."

Ao se antecipar e se preparar para a inevitável pergunta fatal, você terá uma resposta direta que o deixará calmo, confiante e – o mais importante – fará com que se destaque dos demais.

O pior que pode acontecer

Do mesmo modo que encorajo os clientes a serem capazes de citar três características pelas quais querem ser descritos depois que a entrevista ou reunião acaba, também lhes peço que passem algum tempo preparando estratégias para as três piores situações ou respostas às três piores perguntas que imaginam que possam surgir durante uma entrevista ou num debate. Se você está preocupado com alguma coisa, não fique só esperando que ela não venha à tona. É muito melhor atacar do que se defender.

Eis aqui um exemplo disso: eu tinha uma cliente que se mantivera afastada dos olhos da mídia por vários anos, mas que agora estava retornando. Em parte, a lembrança que o público tinha dela era uma frase que dissera numa de suas últimas entrevistas e que a fizera soar insuportavelmente antipática. Ela acabara de descobrir que o jornalista que fizera aquela entrevista estava escrevendo uma matéria sobre sua volta e estava aterrorizada, não apenas porque o contato inicial entre eles fora ruim como também porque então haviam sido revelados alguns segredos que ela simplesmente não queria discutir.

Sugeri a ela que, em vez de ficar na ofensiva, ela atacasse. Em vez de começar reclamando "Não acredito que é você", talvez o melhor fosse dizer: "Fiquei tão *feliz* quando soube que seria você...

Mudei muito nos últimos anos, como tenho certeza de que você também mudou. E já que me conheceu antes, quem melhor que você para falar de como estou diferente?" Além disso, ela deveria se aproximar e sorrir ao dizer isso – não se pode nunca subestimar os 55%. A reação do jornalista? Ele se sentou, afrouxou o colarinho e se disse surpreso, pois esperava uma briga.

A partir desse momento, minha cliente o teve na palma da mão e deu a melhor entrevista de sua vida – uma entrevista que, depois de publicada, mudou para sempre a imagem que o público fazia dela.

Seu manual de instruções para entrevistas

Eis o que vejo como o maior equívoco em relação a entrevistas de emprego: pensamos que dar entrevistas envolve principalmente falar sobre nós mesmos.

Nada disso.

Em entrevistas, falamos sobre como nos adequamos à missão e à cultura da empresa para a qual estamos sendo entrevistados.

O que quero dizer com isso é que raramente somos contratados pelo que valemos como um produto isolado, e sim pelo que podemos acrescentar à empresa. Somos, em essência, um "brinde" para o nosso futuro empregador, para os consumidores e para os acionistas da empresa. Estamos sendo contratados para melhorar a vida e o produto final deles.

Como você pode ver, esse raciocínio muda completamente a forma de abordar o processo de entrevista. E o primeiro passo para ter êxito na hora H é fazer muita pesquisa antes.

Eis aqui algumas das perguntas que devem ser levantadas nessa situação:

- Qual é a declaração de missão da empresa?
- Qual foi o faturamento da empresa nos últimos cinco anos?

- Qual é o produto mais vendido da empresa? Por quê?
- Qual é o mais recente produto da empresa? Por que fez tanto sucesso?
- Quem é o maior concorrente? Qual é o produto mais vendido do concorrente? Compare-os.
- Você vê alguma falha na estratégia atual da empresa? Em caso afirmativo, que soluções pode oferecer para corrigir essas falhas?
- Quem faz parte da equipe administrativa do primeiro escalão? Qual é a formação acadêmica deles? Qual é o histórico pessoal deles? Há algum ponto em comum com o seu histórico? Vocês moram no mesmo bairro, frequentaram as mesmas escolas ou têm filhos da mesma idade?
- Como é a cultura da empresa? Formal? Casual? Isso combina com a sua personalidade?
- Você preenche todos os requisitos para ser contratado? Em caso afirmativo, que características únicas trarão melhorias para o trabalho que você fará para a empresa? Em caso negativo, que características únicas compensarão suas deficiências?

Como pode ver, há muita coisa a ser abordada na preparação. O fato de você ter feito esse tipo de análise do histórico da empresa, sem dúvida, vai impressionar o entrevistador. Se vocês têm gostos, interesses, formações ou passatempos parecidos, isso pode se tornar um fator decisivo na escolha entre você e outro candidato com credenciais semelhantes. Por fim, faça questão de demonstrar como você, e só você, é capaz de oferecer o melhor "brinde".

Cuidado para não parecer relaxado demais

Certo dia recebi uma ligação de um cliente me chamando para avaliar um de seus funcionários que, embora tivesse sido en-

> **Se você for pontual, estará atrasado**
>
> Embora possa parecer absurdo ter que ressaltar a importância de chegar pontualmente para a sua entrevista de emprego, a experiência me ensinou que isso se faz necessário. Conheço pessoas que chegam com cinco minutos de atraso achando que não é nada de mais e também pessoas que jamais comparecem. Ainda que eu não esteja preparada para explicar os motivos disso, estou disposta a afirmar que, no caso de uma entrevista de emprego, se você for pontual, estará atrasado.
>
> Num mundo ideal, seria bom que você estivesse perto do local da entrevista com no mínimo 15 minutos de antecedência. Isso vai lhe dar tempo para encontrar uma vaga no estacionamento, se identificar na recepção do prédio, enfrentar a multidão à espera dos elevadores, encontrar a sala certa, etc. Se nenhuma dessas condições fizer parte da sua realidade, simplesmente encontre um canto tranquilo para se sentar e se acalmar. Diga à secretária que você está ali, mas que não há necessidade de anunciar sua chegada, pois está alguns minutos adiantado. (Não subestime a importância de descobrir o nome da secretária e puxar papo. Se acha que seu empregador em potencial não vai perguntar a ela quais candidatos ela achou mais educados, está enganado.) Faça-se anunciar cinco minutos antes da sua entrevista.

trevistado várias vezes para fazer comentários em programas de TV, nunca tinha suas gravações veiculadas. Eles não entendiam o que lhe acontecia. Afinal, ele era inteligente, bonito e articulado.

Fui até o cliente e o rapaz em questão se apresentou. Ele apertou minha mão, sentou-se, cruzou as pernas deixando seu tornozelo sobre o joelho, jogou um braço sobre o encosto da cadeira, inclinou-se para trás, abriu a boca... e meu trabalho estava concluído. Ele era relaxado demais.

É sempre importante estar consciente da sua postura física – de como você ocupa o espaço. Inclinar-se para trás na poltrona, jogar o braço sobre o encosto, cruzar as pernas de modo a oferecer uma visão clara de suas partes íntimas, tudo isso passa a mensagem de "sou bom demais para estar aqui". Depois disso, tudo o que sai de sua boca é quase supérfluo.

Meu principal conselho para ele naquele dia foi se sentar ereto na poltrona, manter os dois pés no chão, inclinar-se ligeiramente para a frente e sorrir. O resultado? A matéria seguinte que ele gravou foi ao ar. Ele ficou empolgado e seus chefes adoraram. E tenho certeza de que o público também gostou da novidade, porque meu cliente dá ótimas dicas sobre os filmes em cartaz. Ele só não sabia a melhor maneira de transmiti-las.

Essa abordagem serve para qualquer área. Se você está numa entrevista de emprego, por mais que seja espirituoso e tenha boas credenciais, uma postura muito à vontade provavelmente vai afastar seu entrevistador. Ele voltaria para o RH dizendo: "Sim, o currículo dele é ótimo, realmente impecável. E ele tem respostas para todas as perguntas. Mas será que você tem mais alguém para eu entrevistar? Ele não parece o tipo de pessoa capaz de trabalhar em equipe."

Se você não pode consertar isso, destaque-o

A primeira vez que ouvi esta frase foi numa festa. Alguém disse:

– Vamos tirar uma foto do grupo. Olhem para cá!

O homem ao meu lado disse:

– Eu *não* gosto de aparecer em fotografias. Olhe o tamanho do meu nariz! Mas... se você não pode consertar isso, destaque-o.

Então ele se virou para a câmera e deu ao fotógrafo um sorriso enorme.

A dificuldade com um problema evidente é que costumamos gastar tempo demais pensando num modo de evitar que as outras pessoas o percebam. Isso é algo que se vê muito nas escolhas referentes à moda – vestimos calças retas e listras verticais para parecermos mais magras. Em vez de trabalharmos no sentido de aceitar o problema evidente, a inibição, a vergonha ou o apego a um ideal de beleza irreal nos tornam prisioneiros de nosso próprio corpo. Mas optar por destacá-lo pode fazer toda a diferença.

Quando Jennifer Lopez, por exemplo, estava começando a fazer sucesso, ela gritou para o mundo que seu maior atributo eram suas curvas. Em vez de tentar fazer com que não as víssemos ou cobri-las, ela foi em frente e as exibiu. Sua decisão de evitar que a distância entre seu corpo e as tendências atuais da moda fosse uma fonte constante de mexericos e frustração simplesmente ao dizer ao mundo "Aceitem ou saiam do caminho" deu certo. O mundo aceitou.

Se você está pensando que isso serve apenas para celebridades, vou lhe dar um exemplo de como se aplicou a um cliente meu que seria entrevistado para um cargo num banco. Ele me contratou porque estava sem trabalhar havia algum tempo e mudara constantemente de emprego. Em suas entrevistas, essa questão sempre era levantada como um problema. Seus entrevistadores viam nisso um sinal de incompetência. Na verdade, meu cliente apenas tivera a infelicidade de ser contratado mais de uma vez por empresas que passaram por um processo de fusão enquanto ele estava lá. E o fato é que, quando dois bancos se unem, muitas pessoas são demitidas. Eu lhe disse que, como o passado não podia ser mudado, ele precisava mudar a maneira como sua história era interpretada.

Como fizemos isso? Decidimos destacar o que ele queria esconder. Na entrevista seguinte, eu lhe disse para tocar no assunto o mais cedo possível. Ele informaria que não estava interessado no trabalho se houvesse uma fusão iminente, simplesmente porque não queria passar por aquilo mais uma vez. E a verdade é que era mesmo importante para meu cliente conseguir uma posição mais estável. O problema é que ele não estava destacando isso. Ao fazê-lo, ele conseguiu o que queria.

Por isso, da próxima vez que você se vir enfrentando uma situação que o bom senso, sua empresa ou a sociedade o aconselhem a ignorar, disfarçar ou esconder, faça o contrário. Pergunte a si mesmo: "O que eu faria se quisesse dar a isso um papel de destaque?" Aquilo que você julgava ser um problema talvez seja justamente a solução.

A desprezada entrevista informativa

Quando eu estava pensando em mudar de área, do magistério para o mercado editorial, passei por várias entrevistas, sempre sendo dispensada. Eu não conseguia entender por quê. Devia estar fazendo algo errado, mas o quê? Para descobrir, comecei a solicitar entrevistas informativas, reunindo-me com pessoas que

O poder de fazer uma pausa

Muita gente desconhece a importância de fazer uma pausa antes de começar a falar. Por que isso é essencial numa entrevista de emprego?

Quando você está sendo entrevistado para um novo emprego, há muita coisa em jogo. Você vai querer parecer bem preparado, bem informado e entusiasmado. Um efeito colateral de se mostrar tão proativo é se apressar em responder as perguntas. Pode acontecer de você se descobrir no meio da resposta sem ter ideia do seu objetivo e, embora possa transmitir uma impressão de alguém arrojado, é mais provável que pareça imaturo ou ansioso.

Fazer uma pausa antes de começar a falar lhe dá tempo para organizar seus pensamentos, além de passar a imagem de alguém autoconfiante.

Eis como isso acontece:

Entrevistador: Olhando para o seu currículo: "Por que você saiu do seu último emprego?"

Você: Espere que o entrevistador olhe para você. Inspire. Incline-se. Abra a boca. Comece a responder pausadamente...

Por que esperar que o entrevistador olhe para você? Porque, se a pergunta for difícil, vai querer que ele saiba que você não está hesitando.

eu adoraria que fossem meus chefes, mas que não estavam contratando. Achei que eles talvez pudessem me dizer como decifrar o enigma. Isso acabou se tornando algo inestimável, e foi assim que consegui me sair bem.

O objetivo de uma entrevista informativa é descobrir o que alguém que ocupa um cargo de chefia na sua área está procurando e – igualmente importante – o que não está procurando. Além disso, é útil saber quais problemas enxergam ao avaliar seu currículo.

Quando comecei o processo de entrar para o mercado editorial, eu tinha 25 anos. Trabalhava como professora havia quatro anos e tinha diploma de mestrado. No meu entender, isso fazia de mim uma excelente candidata. Mas, do ponto de vista de um futuro chefe, isso me colocava em desvantagem. Descobri que eles temiam que, assim que me ensinassem o trabalho, eu mudaria de área. Eles também receavam que eu não me sentisse à vontade realizando as tarefas que assistentes editoriais têm que fazer rotineiramente: fotocopiar manuscritos, arquivar, "ir comprar cigarros", como uma mulher mencionou. Sabendo disso, compareci a uma entrevista de verdade preparada e tomei a iniciativa de dizer: "Entendo que minha idade e experiência possam ser uma preocupação, que você pode achar que deixarei a empresa daqui a alguns meses. Mas estou disposta a assinar um termo de compromisso de 18 meses com este emprego caso me dê uma chance."

Outra pergunta a ser feita em sua entrevista informativa é o que não dizer – na verdade, isso pode ser tão importante quanto perguntar o que dizer. Ao longo dos anos, descobri que em todas as áreas existe uma pergunta ou uma afirmação que, quando é feita, deixa as pessoas irritadas.

Quando eu trabalhava no mercado editorial, por exemplo, essa frase era: "E eu sei que meu livro será um sucesso no programa da Oprah." Talvez alguns desses autores realmente se saíssem bem no programa, mas as chances de conseguirem ao menos mostrar seus livros são as mesmas de ser atingido por um raio. O efeito de um autor em potencial dizendo isso era deixar todos na sala pensando: "Vai demandar muita atenção. Possivelmente iludido. Esqueça."

O fato de a entrevista ser informativa não significa que você não precisa se preparar da mesma forma que faria se houvesse um emprego em jogo. Você deve conhecer o currículo do entrevistador de trás para a frente, além de ter o máximo de informações pessoais sobre ele: passatempos, idade dos filhos, etc. Crie uma lista de perguntas que gostaria que fossem respondidas: há alguma qualificação que eu deva aperfeiçoar? Existe algum ponto fraco evidente que você vê quando analisa meu currículo? Há alguma tendência nova no setor que eu deva conhecer? Existe algo que eu não deva mencionar jamais?

Você pode achar que as pessoas que ocupam esses cargos não têm tempo ou disposição para lhe conceder entrevistas desse tipo. Raramente isso é verdade. Desde que você deixe claro que não vai precisar de mais que 15 minutos e que é algo que pode ser feito no local de trabalho do entrevistador, é improvável que ele se negue a recebê-lo. Os candidatos que conheço e que foram dispensados geralmente começaram com "Deixe-me levá-lo para almoçar". Embora seja um convite adorável, você está lidando com pessoas muito ocupadas. Elas não querem se comprometer com um almoço. Por isso, respeite os limites de tempo delas.

Dois outros grandes benefícios desse tipo de entrevista são que, quando você consegue marcar uma entrevista no escritório do entrevistador, geralmente pode ligar novamente e perguntar a quem agendou o compromisso se há algo de especial sobre aquela pessoa que seria importante saber. Além disso, se você causar uma boa impressão, ela vai se lembrar de você quando surgir uma vaga.

Você só tem a ganhar com as entrevistas informativas: não só consegue a experiência de ser entrevistado, como também descobre informações valiosas e ainda ganha um contato para o futuro.

Agora é a sua vez

Às vezes estamos tão concentrados em provar que um emprego é certo para nós que nos esquecemos de pensar por que somos a pessoa ideal para o emprego, até que o entrevistador nos faz aquela pergunta aparentemente inofensiva: "Então, por que acha que somos a empresa certa para você?"

Fique sabendo de que esse não é um bom momento para ficar sem palavras.

Investigar cuidadosamente por que você é a pessoa certa para o emprego é tão importante quando descobrir por que o emprego é certo para você. Para conseguir algo que satisfaça suas necessidades, você precisa entrar na sala com um conjunto claro de prioridades relacionadas ao que valoriza, em termos de trabalho em equipe, autonomia e benefícios.

Quando eu era mais jovem, por exemplo, gostava muito de ter um chefe que agisse como um mentor – alguém participativo, bom em fazer críticas construtivas e orientar o trabalho que eu realizava. Sabendo disso, ficou mais fácil para mim explicar ao entrevistador que eu desejava esse tipo de estrutura porque sentia que ela era importante para que eu conhecesse não só os detalhes do ramo, mas também meus pontos fortes e fracos.

Além das dúvidas comuns a respeito de salário e plano de saúde, aqui estão algumas questões que recomendo perguntar a si mesmo e a seu futuro empregador:

- Que grau de comunicação necessito/posso tolerar durante o dia?

- Que grau de comunicação meu futuro chefe requer durante o dia?
- Que forma de comunicação (e-mail/mensagem instantânea/telefone/reunião individual) eu prefiro?
- Que forma de comunicação meu futuro chefe prefere?
- Que tipo de orientação preciso/posso tolerar em meio a um projeto difícil?
- A que distância meu futuro chefe gosta de supervisionar seus funcionários durante os projetos?
- Fica subentendido que trabalhar das 9h às 18h significa das 8h às 19h?
- Esse horário vai se adequar aos meus compromissos?
- Há possibilidade de um horário mais flexível no futuro?
- Que valor dou a essa possibilidade?
- Com que frequência meu desempenho profissional será avaliado?
- Quais os critérios pelos quais serei avaliado?
- Qual é a política de bônus e aumento de salário?

Pensar com antecedência nessas questões vai ajudá-lo tanto na entrevista atual, mostrando ao seu entrevistador que você pensou seriamente sobre o cargo, quanto nas próximas. Entrar na sala com uma ideia clara de suas prioridades significa que você não vai estar procurando por um novo emprego seis meses depois.

Tenha em mente seu "salário-mínimo"

Quando vamos para uma entrevista de emprego é comum que estejamos tão focados em conseguir a vaga que não paramos para pensar se o salário é, na verdade, adequado à nossa capacidade. Não entramos na sala com um "salário-mínimo" na cabeça – o valor abaixo do qual não aceitaremos trabalhar.

Não se trata apenas de um luxo para pessoas que não precisam de um emprego para sobreviver. Seja qual for sua situação financeira, é essencial ter em mente um valor mínimo antes de começar a ser entrevistado.

Primeiro por causa da vantagem mental que isso lhe dá. Reconhecer o valor do seu talento a despeito de ser ou não reconhecido pelos outros e a despeito do seu saldo bancário é primordial. Uma das melhores afirmações que ouvi sobre isso veio de Russell Crowe. Durante a entrevista para o programa *Inside the Actor's Studio*, ele estava falando sobre ter passado por sérias dificuldades financeiras depois de terminar as filmagens de *Los Angeles – Cidade proibida*. Embora estivesse recebendo várias ofertas de papéis na televisão e no cinema, ele não as aceitava porque não alcançavam o padrão que havia estabelecido para si mesmo. A frase exata foi: "Você precisa valorizar seu próprio talento." E acho que é verdade. É difícil pedir a outra pessoa que valorize seu talento se você não está disposto a fazê-lo. Entrar numa entrevista seguro disso mostrará a seu entrevistador que você tem segurança, equilíbrio e dignidade – qualidades sempre admiradas.

O segundo motivo para um valor mínimo é que você pode se sentir tão aliviado por lhe oferecerem qualquer coisa que acabará aceitando sem negociar. E negociações são importantes por vários motivos. Primeiro porque o salário que a empresa lhe oferece é em geral apenas o lance inicial, e eles esperam que você peça mais. Se você não pedir, perderá a oportunidade. Em segundo lugar porque, caso a oferta seja definitiva, eles talvez estejam dispostos a rever o valor dentro de seis meses, oferecendo então um aumento com base no seu desempenho. Se você não pensou com antecedência no valor desse aumento, poderá facilmente se curvar à pressão do momento.

Por fim, é importante ter um valor mínimo de modo que saiba quando deve se retirar das negociações para continuar procurando por algo que pague o que você realmente vale.

Se não perguntar, jamais saberá

Para muitos de nós, a ideia de pedir diretamente algo que queremos ou merecemos é extremamente incômoda. Fomos criados numa destas duas linhas de pensamento: "A virtude é sua própria recompensa" ou "A vida não é justa". Assim, pegamos nossa carapuça de mártir ou de vítima no guarda-roupa e a vestimos. Dizemos coisas do tipo "Não quero parecer arrogante", ou "Não vejo por que discutir. Isso jamais acontecerá".

Essa não é uma postura muito inteligente. Pedir o que você quer em termos de salário, benefícios e flexibilidade de horário é fundamental. Se não fizer isso, ficará decepcionado, e ninguém quer um funcionário ressentido.

Então a questão é como pedir. Em geral, passamos tanto tempo aperfeiçoando nosso discurso de mártir ou de vítima que nos esquecemos de aprender como se faz um pedido de maneira a transmitir a ideia de respeito por nós mesmos e também pela pessoa com a qual estamos negociando.

Entenda que, em geral, "não" é apenas uma informação. Não é um julgamento de sua personalidade, sua aparência ou seu valor para a empresa. Em outras palavras, por mais que você queira acreditar nisso, raramente se trata de algo pessoal. Na verdade, é muito mais provável que a negativa seja um reflexo do histórico das pessoas que ocuparam o cargo ou da situação financeira atual da empresa. Entender isso tornará muito mais fácil não só fazer seu pedido, como também fazê-lo de um modo que não pareça agressivo, subserviente ou ressentido.

Se você pede, por exemplo, para trabalhar em casa nas sextas-feiras e lhe negam isso sem uma explicação, talvez se sinta inclinado a pensar que seu empregador não acredita que você fará seu trabalho, o que, por sua vez, vai deixá-lo irritado por ainda precisar provar que é digno de confiança. Perguntas adicionais, no entanto, podem revelar que essa é uma diretriz da empresa, tomada com base em experiências que talvez tenham tido com seus funcionários, sem qualquer relação com o que pensam a respeito de suas qualificações. Manter essa ideia em mente ao pedir mais esclarecimentos fará com que seu tom de voz e sua linguagem corporal permaneçam sob controle ao longo do diálogo: você não vai ficar sem palavras nem partirá para uma discussão.

Nesses momentos, o fato de você se sentir à vontade com o assunto deixará seu entrevistador calmo, o que, por sua vez, vai ajudar você mesmo a ficar calmo. E uma mente relaxada o torna capaz de suportar qualquer golpe expressando autoconfiança e humor, dois elementos cruciais numa negociação.

O follow-up educado

A maioria de nós passa muito tempo pensando no que precisamos fazer para nos preparar para uma entrevista, mas poucos passam o mesmo tempo pensando em como vamos fazer o contato posterior. A maneira como estabelecemos esse contato é fundamental, especialmente para um empregador que esteja indeciso entre dois candidatos. Nesses casos, um e-mail bem escrito e oportuno pode fazer com que a balança pese a seu favor.

Como deve ser essa mensagem? Suas particularidades sempre levarão em conta a área e o entrevistador, mas há alguns pontos em que insisto e outros que gosto de verificar:

- Deve ser enviada em 24 horas.
- Não comece com "Obrigado pela entrevista de ontem". Como frase inicial, carece de originalidade e confiança. Prefira algo como "Foi um prazer me reunir com o senhor ontem".
- Depois, cite fatos específicos relacionados ao que você gostou de ouvir e aprender sobre o cargo, a empresa ou o setor

como um todo. Como já foi mencionado, inclua pontos específicos. E não algo como "Foi ótimo aprender mais sobre seu trabalho".

- Mencione algo especial que o faça se destacar como candidato. Não use referências vagas, como "Acho que sou o melhor candidato para o emprego". Inclua particularidades de suas qualificações ou experiência anterior.
- Se você citou uma pessoa, um livro, um artigo, etc. durante a entrevista e sentiu que o entrevistador achou interessante, cite-o novamente e envie uma cópia do material ou o link para ele.
- Se você prometeu fornecer algum material adicional, fale nisso outra vez e informe quando o entrevistador deverá recebê-lo.
- Termine com algo como "Aguardo seu retorno".
- Encerre com "Atenciosamente", e não "Abraços" ou qualquer coisa parecida.
- Revise o texto.
- Imprima-o e leia-o em voz alta antes de enviá-lo. É mais fácil encontrar palavras esquecidas ou repetidas quando você as vê impressas.

Todos esses esforços vão ajudá-lo a se certificar de que você fez tudo o que podia para mostrar o melhor de si.

EM RESUMO:

- Escolha três características que você gostaria que um entrevistador usasse para descrevê-lo e trabalhe para demonstrá-las.
- Apresente uma variedade de estilos para lidar com prazos, colegas de trabalho difíceis, conversas delicadas, etc.

- Tenha uma resposta direta para perguntas capciosas, como "Por que eu deveria contratá-lo?", ou "Por que você quer trabalhar para nós?".
- Pense nas três piores perguntas que acha que podem lhe fazer e saiba como responder a elas.
- Pesquise a fundo a empresa, a concorrência e o ramo do negócio.
- Preste atenção à sua postura física o tempo todo. É fácil afastar os outros com uma linguagem corporal desleixada.
- Se você não puder consertar uma falha em seu currículo, nas suas qualificações ou na sua experiência, tente encontrar um modo de falar sobre isso como uma vantagem.
- Marcar uma entrevista informativa pode ajudá-lo a descobrir o que os empregadores querem ouvir – e o que nunca querem ouvir.
- Saiba o que você valoriza em termos de autonomia, trabalho em equipe e benefícios, e priorize suas escolhas.
- Defina seu "salário-mínimo". Valorize seus talentos.
- Entenda que negociações financeiras raramente são pessoais. Mantenha o equilíbrio e, se possível, o senso de humor ao longo de todo o processo.
- Certifique-se de que sua mensagem de follow-up seja profissional, educada e enviada dentro de 24 horas.

CAPÍTULO 5

Fazendo palestras arrebatadoras

Os antigos afirmavam: "Quando Cícero fala, as pessoas dizem: 'Que homem inteligente é Cícero.' Quando Demóstenes fala, as pessoas dizem: 'Vamos marchar!'"

Isso, para mim, é o ideal das palestras: deixar sua plateia mais do que informada - inspirá-la a ponto de se juntar a você nas trincheiras.

Para muitas pessoas, falar em público é como ser jogado aos leões. Os clientes me contam que as mãos suam, o coração dispara e às vezes ficam com o rosto vermelho.

Quer saber de uma coisa? Minhas mãos suam, meu coração dispara e às vezes fico vermelha também.

O truque é dizer a si mesmo - e acreditar - que esses sintomas são bons. Não passam de manifestações de uma energia extra. E um orador entusiasmado é um orador interessante.

Essas manifestações também indicam que você se importa com a plateia. Se não se importasse, não sentiria nada disso. Importar-se é o mesmo que se comprometer. E o comprometimento é o que prevalece mesmo quando você esquece metade de seus argumentos, derrama um copo de água ou tropeça ao descer do palco.

Se você duvida, lembre-se por um minuto de qualquer apresentação teatral a que você assistiu na escola. Os atores eram profundos conhecedores de dramaturgia? Os figurinos eram de tirar o fôlego? Os efeitos especiais o deixaram impressionados? Provavelmente não. Mas é provável que aquelas crianças no palco estivessem tão entusiasmadas por se apresentarem que nada disso teve importância. E acho que você aplaudiu com vigor, assim como o restante do público, quando as crianças voltaram ao palco para os agradecimentos finais.

Se não tinha a ver com os aspectos técnicos da apresentação, ao que você estava reagindo? Ao comprometimento das crianças e ao entusiasmo genuíno que elas sentiam ao entretê-lo. Comprometimento é um fator crucial e neste capítulo você aprenderá mais sobre isso, juntamente com todas as outras ferramentas de que precisará para ser educado, informativo e agradável – as ferramentas que farão com que sua plateia diga: "Vamos marchar!"

Seu manual de instruções para discursos e palestras

De vez em quando as pessoas sugerem que talvez eu seja um pouquinho controladora. Prefiro que digam que sou "eficiente" ou que gosto de dar instruções. Essa característica me favorece na hora de preparar um cliente para falar em público.

Quando meu cenário dos sonhos ocorre, o cliente me liga com antecedência suficiente para que eu possa fazer várias perguntas que formarão o que chamo de "manual de instruções". Apresentarei essas questões a seguir.

Atenção: ainda que algumas dessas perguntas possam parecer surpreendentemente simples, você ficaria surpreso se soubesse como é raro que meus clientes saibam a resposta para elas. Isso se deve, em geral, a dois fatores: primeiro, eles não sabiam quais perguntas deveriam fazer; segundo, alguém no departamento de marketing deles estava cuidando disso, e por essa razão meus clientes não conheciam os detalhes. Se você estiver no segundo grupo, não se engane: os detalhes são problema seu. Quando chegar a hora de impressionar, é você quem estará de pé no palco, e não seu gerente de marketing.

- Onde será realizado o discurso (ou a palestra, o seminário, a conferência)?

- Quantas pessoas haverá na plateia?
- Qual é o perfil do público? (Por exemplo; estudantes, gerentes de nível intermediário, gerentes do alto escalão, etc.)
- É possível obter uma lista dos participantes?
- Você recebeu uma orientação específica? (Por exemplo: inspirar, informar, divertir.)
- A plateia sabe sobre o que vai falar? O que foi informado a ela? Foi divulgado um tema ou slogan específico da palestra?
- A palestra faz parte de uma série, de um treinamento ou de outra atividade em andamento?
- Em caso afirmativo, quem são os outros oradores e sobre o que eles falaram ou falarão?
- Qual é o limite de tempo?
- Você vai responder a perguntas quando a palestra terminar?
- Há algum anfitrião, patrocinador, voluntário ou participante a quem deva agradecer?

Se o discurso for feito durante um almoço, jantar ou cerimônia de premiação, é importante incluir as seguintes perguntas:

- Qual é o seu lugar na programação?
- Os pratos serão servidos ou retirados enquanto você estiver falando?
- Serão oferecidas bebidas aos participantes antes do evento?

Essas questões são importantes para que se tenha uma estimativa tanto do nível de ruído quanto de como seu público poderá estar faminto, cansado ou embriagado, de modo que você possa se programar adequadamente.

As respostas a todas as perguntas formarão a espinha dorsal do discurso que você proferirá e vão ajudá-lo a estabelecer um ritmo e a avaliar seus espectadores, de modo que todos saiam satisfeitos.

Reconhecimento avançado

Nas Forças Armadas, o envio de um oficial avançado para avaliar pontos específicos de uma situação física – a paisagem, as construções, os recursos naturais e artificiais à sua disposição – é chamado de "reconhecimento avançado".

Quando você for chamado para proferir uma palestra, sugiro que siga esse mesmo conceito. Você, ou alguém de sua confiança, deve ir ao local com antecedência e avaliar a estrutura física em tempo de poder pedir quaisquer mudanças que considere necessárias, ou ao menos se preparar mentalmente para aquilo que não puder modificar. Se não tiver como fazer um reconhecimento in loco, faça-o por telefone.

Com que tipo de coisas você deve se preocupar?

- Quais são o tamanho e o formato da sala?

Isso é importante porque, se você souber com antecedência que vai falar num salão retangular, por exemplo, vai poder se preparar para pronunciar as palavras com o esforço físico adicional necessário para que elas alcancem o fundo do ambiente. Ensaie e aproveite para pensar se quer fazer referência ao formato da sala em sua introdução, dizendo algo como: "Esta é uma sala bem comprida. Se aqueles no fundo não conseguirem me ouvir, por favor mandem um sinal de fumaça." Isso não apenas divide o problema com todo mundo como também faz com que as pessoas no fundo do salão, que podem estar se sentindo negligenciadas, se sintam incluídas.

Antes do evento, sente-se em cada canto da sala para ver se alguém da plateia poderá não vê-lo direito, dependendo de onde você se posicionar no palco. Novamente, saber disso com antecedência será útil para pensar na melhor maneira de incluir o maior número de pessoas.

- Como é a acústica do ambiente?

Você pode ser ouvido de todos os cantos? Vai precisar de um microfone? Que tipo de microfone será: de tripé? com fio? sem fio? É possível solicitar um microfone que lhe permita andar pelo palco, se for algo que goste de fazer?

- Onde você estará antes do discurso: no palco ou na plateia?

Se você vai estar no palco, ficará sentado atrás de uma mesa ou apenas aguardando numa cadeira? Essas opções afetarão sua postura física enquanto espera. Se você estiver a uma mesa, precisa se sentar ereto e manter as mãos à vista. Se estiver numa cadeira sem nada na frente, deve evitar abrir as pernas para a plateia: mantenha os pés juntos, no chão.

Caso aguarde sua vez de falar no meio do público, que caminho usará para subir ao palco? Se o plano não prevê que você entre pela esquerda, isso pode ser modificado? Entrar pela esquerda é importante porque lemos da esquerda para a direita. Se subir ao palco pela direita, a plateia vai gostar menos de você.

- Que tipo de tribuna será usada?

Qual é a altura dela? Por favor, não aceite nada menos que uma medida exata como resposta. Sim, é chato que alguém tenha que medi-la, mas é uma tarefa que precisa ser feita. Primeiro porque assim você pode praticar antecipadamente em uma tribuna da altura correta e saber se vai ou não precisar de óculos para ler suas anotações. Segundo porque, se você for baixo e a tribuna, alta, vai ter que se preparar para essa possibilidade pedindo antecipadamente algo mais baixo ou mencionando esse fato quando estiver na tribuna. E ainda: a tribuna é feita de madeira ou acrílico? Se for de acrílico, prepare-se para estar mais exposto fisicamente. (Talvez seja preciso pedir que alguém a limpe com antecedência.)

- Haverá um teleprompter?

Em caso afirmativo, vai querer usá-lo? Caso queira, quem será o encarregado de passar suas anotações e de controlar a velocidade enquanto você estiver falando? Fique sabendo que: uma resposta como "aquele cara ali" não basta. Certifique-se de descobrir e memorizar o nome da pessoa. E mais uma coisa: qual é o prazo final para fazer alterações no seu roteiro?

Você não vai fazer essas perguntas porque é excessivamente detalhista ou porque espera que as coisas sejam alteradas a seu bel-prazer. Mostre que sua intenção é estar preparado para o evento do qual participará e, assim, ser capaz de dar o melhor de si para a plateia.

Era uma vez...

Há uma razão para os contos de fadas começarem com "Era uma vez...". Poucas crianças gostam de ouvir sermões. (Sejamos francos: *Os três porquinhos* não teria ido muito longe se começasse com "Hoje vou lhe dizer por que você deveria construir sua casa com tijolos e não com palha".) E a verdade é que também são pouquíssimos os adultos que gostam desse gênero de discurso. A maioria de nós ainda prefere uma boa história.

Esteja você tentando fazer com que seu filho adolescente entenda os perigos de beber e dirigir ou se esforçando para que seus sócios comprem suas ações, meu conselho é começar o discurso com uma versão do "Era uma vez" que inclua quem, o que, onde e quando.

O melhor exemplo que posso dar disso vem da experiência de uma amiga minha chamada Madeline. De vez em quando Madeline e eu fazemos trabalho voluntário junto a alunos de escolas públicas a fim de desenvolver seus talentos de oratória. A cada semestre Madeline começa a aula com a seguinte introdução a um discurso:

"Quando eu tinha 9 anos, acordei na manhã da véspera de Natal e vi minha mãe sentada na beira da cama. Ela estava pálida. Perguntei a ela o que havia de errado e ela disse: 'Seu irmão não vai passar o Natal em casa este ano. Ele foi morto por um motorista bêbado na noite passada.'"

Em seguida, seria possível ouvir uma agulha caindo na sala, e isso acontece com todas as turmas. Minha amiga conquista a atenção dos alunos de um modo bem diferente do que faria se tivesse começado com: "Hoje vou falar por que é importante não beber antes de dirigir."

A melhor estratégia é falar por experiência própria. Se você não tem nada de pessoal a incluir, veja esta outra maneira que funciona com meus clientes (e as plateias deles): "Quando fiquei sabendo que viria falar para vocês hoje, a primeira coisa que fiz foi X (li algumas coisas e descobri esta estatística, história, citação, etc.) e isso me surpreendeu, me deixou intrigado, me alegrou..." A história de como você se preparou para a palestra se transforma no seu conto de fadas.

Um dos meus clientes recentemente me deu um belo exemplo disso. Ele teve que apresentar o secretário de Agricultura da Flórida para um grupo composto por algumas pessoas do estado e outras de fora, sendo todos empresários. Meu cliente, que

"Um, dois, três. Testando."

Pouca gente tem larga experiência com um microfone. Esse fato geralmente se traduz numa familiaridade exagerada ou numa aversão ao aparelho quando o enfrentam cara a cara.

Aqueles que tendem ao exagero costumam bater ou assoprar nele para ver se o microfone está funcionando, depois o ajustam para cima e para baixo até conseguirem colocá-lo no ângulo desejado. Tudo isso irrita os ouvidos e, geralmente, também os nervos da sua plateia.

Aqueles que ficam intimidados não testarão a capacidade do aparelho e sequer pensarão em ajustar a altura e o ângulo dele. Isso pode frustrar os espectadores que, nesses casos, talvez não estejam ouvindo-o ou vendo-o direito.

Então como agir com o microfone? Primeiro, suponha que a pessoa que o instalou já tenha ajustado o volume. Se não tiver certeza de estar sendo ouvido, simplesmente pergunte: "Todos conseguem me ouvir?" Não é preciso assoprar nem bater.

Em segundo lugar, se você precisar ajustar a altura e o ângulo, posicione-se como se estivesse falando – não se curve para a frente em direção ao microfone – e depois segure o microfone pela base e mova-o lenta e delicadamente para a posição desejada. Quanto ao melhor ângulo, aponte o microfone para o seu queixo, e não para a boca.

também é empresário, ficou, a princípio, assustado: qual seria a melhor forma de tornar essa pessoa interessante para a plateia? O que ele poderia dizer para prender a atenção dos presentes?

Ele iniciou com: "Quando me pediram que fizesse esta apresentação, comecei a pensar no trabalho do secretário e percebi que não sabia muito sobre agricultura, por isso fiz algumas pesquisas. Vocês sabiam que 25% dos vegetais de inverno consumidos nos Estados Unidos são cultivados na Flórida?" E com sua versão do "Era uma vez" ele conquistou a atenção de todos os presentes.

"Introduções amenas são introduções nulas"

Esta é uma das minhas frases preferidas de Winston Churchill.

O que quer dizer? A maioria de nós se acostumou a começar um discurso da seguinte maneira: "Boa noite. Meu nome é X. Muito obrigado por estarem presentes nesta noite." Etc., etc.

Essas são amenidades, palavrinhas gentis.

E por que elas são um problema?

Como acabamos de ver, as pessoas adoram uma história. Além disso, se elas se dispuseram a ouvi-lo falar, em geral sabem quem você é. Começar um discurso desse modo, portanto, é desperdiçar a primeira e mais importante oportunidade de mostrar à plateia que você é um exímio contador de histórias.

Em segundo lugar, damos mais valor a agradecimentos vindos de alguém que conhecemos e admiramos. Agradecer ao público antes que ele tenha a oportunidade de conhecê-lo não representa nada. Vai parecer bajulação, não algo sincero.

Não estou querendo dizer que agradecimentos não sejam importantes. Sou uma grande defensora do poder de um "obrigado" bem colocado. E o melhor lugar para colocar seus agradecimentos é no fim do seu discurso. Nesse momento, seus agradecimentos significarão mais porque a plateia sentirá que o conhece e, como você terá divertido, informado ou inspirado as pessoas, elas gostarão de você e irão respeitá-lo. Além disso, terão feito algo digno do seu agradecimento – ouvi-lo até o fim –, e por isso você terá uma razão sincera para agradecer.

Começar seu discurso por uma história é fácil? Muitas pessoas, a princípio, acham que não. A maioria dos meus clientes se acostumou tanto à fórmula do "Oi, sou Fulano de Tal, obrigado por virem" que abandoná-la os deixa nervosos. Quando isso ocorre, descobri que o modo mais fácil de convencê-los a mudar é filmá-los falando das duas maneiras. Quando exibimos as duas gravações, eles veem como é mais marcante iniciar o discurso contando uma história. Se você está com esse problema e tem a possibilidade de filmar a si mesmo com antecedência, faça isso. Perceberá rapidamente que é um jeito muito mais interessante de começar.

Éthos, páthos, lógos

Sentar-se para escrever um discurso pode ser assustador. Há tantas variáveis a considerar – qual seu objetivo, quais os interesses da sua plateia, etc. – que é fácil se sentir angustiado. Uma estrutura que muitas pessoas descobriram ser útil quando começam a trabalhar no discurso é considerar os três elementos que Aristóteles dizia serem fundamentais para compor um argumento eficiente: éthos, páthos e lógos.

Éthos/ética: enquanto você fala, os ouvintes se fazem as seguintes perguntas: essa pessoa tem ética? Sua reputação se confirma? Ela é digna do meu respeito? Sabendo disso, você vai querer ter certeza de que essas perguntas sejam respondidas. Em alguns casos, o público já vai ter uma opinião formada a seu respeito antes de você abrir a boca – sua autoridade terá sido estabelecida pelo seu cargo, por uma divulgação prévia ou por uma introdução. Ainda assim, é sempre útil incluir detalhes que dão suporte à reputação que você construiu e que demonstram sua integridade.

Páthos/empatia: Outras perguntas que ocorrerão à sua plateia são: essa pessoa é capaz de se solidarizar comigo? Seus interesses, sua situação de vida, seus valores estão de acordo com os meus? Ela se importa com o que eu me importo? Ela entende meu ponto de vista? Incluir histórias, exemplos e detalhes que demonstrem experiências de vida semelhantes, ou que você compartilha o ponto de vista dos presentes, será muito útil para fazer o público participar e, consequentemente, conquistá-lo.

Lógos/lógica: Por fim, sua plateia precisa sentir que seus argumentos são válidos – com base em estatísticas, fatos e argumentação irrefutável. Aqui é fácil ignorar um ou dois passos, pois você está convencido há tanto tempo da conclusão do seu raciocínio que se esquece das etapas que foram necessárias para chegar a ela. Com o intuito de impedir que isso aconteça, apresente seu argumento a um amigo que não tenha conhecimento algum do assunto, mas que seja extremamente lógico. Trata-se de um jeito fácil de garantir que não haverá nenhuma lacuna no seu discurso.

Acho incrível que essas pedras fundamentais – éthos, páthos, lógos –, há tanto tempo identificadas, ainda tenham uma importância vital no trabalho que realizamos hoje.

"O nervosismo reflete o seu respeito pela plateia"

Adoro esta frase do filme *Adorável Júlia*. Nele, Annette Bening interpreta uma atriz madura que já foi uma celebridade do teatro londrino. "O nervosismo reflete o seu respeito pela plateia"

A regra dos três

Você já percebeu que, frequentemente, as histórias têm três personagens? Os três mosqueteiros, os três patetas, os três porquinhos, os três ursos... isso para não mencionar que você sempre tem direito a três desejos.

Há um bom motivo para isso. Ao que parece, nosso cérebro gosta de pensar em grupos de três. Acrescente mais um e ficamos mentalmente perdidos.

Conhecer essa "regra dos três" é essencial na hora de esboçar sua história, sua proposta de venda, seu e-mail. Se você está angustiado, sem saber ao certo como estruturar as várias direções possíveis que pode tomar, pegue as três histórias ou ideias que melhor ilustram seu argumento. Depois acrescente três exemplos ou estatísticas para apoiar cada uma delas.

Esse método, além de facilitar a estruturação daquilo que você quer dizer, fará com que sua plateia memorize melhor a sua mensagem.

é o conselho que ela dá à mulher que pretende roubar seu lugar. Qualquer pessoa que esteja se preparando para falar em público pode tirar proveito desse pensamento.

Ficar nervoso é, sim, uma vantagem. Os clientes que me deixam mais irritada são aqueles que não ficam nervosos. Acho que a melhor maneira de lidar com o nervosismo é começar a pensar que estar nervoso é o mesmo que estar vivo.

Eis aqui um exemplo do que estou querendo dizer. Quando pedi demissão de uma editora para trabalhar como freelancer, uma das autoras de psicologia que eu editava me levou para almoçar e me deu o melhor conselho que recebi sobre como administrar meu próprio negócio. Ela disse: "Você vai viver sempre preocupada porque jamais terá a quantidade 'certa' de trabalho. Ou vai ter trabalho de mais ou de menos. O segredo é não associar a preocupação a uma coisa ruim. Diga para si mesma: 'Ah, estou preocupada. Então devo estar viva.' A ideia da preocupação como algo ruim só vai deixá-la ainda mais preocupada."

O mesmo serve para o nervosismo. Se associá-lo a algo ruim, você vai querer se livrar dele. Em geral, isso se volta contra você mesmo de duas maneiras: ou você se livra dele tão bem que acaba falando para sua plateia como um zumbi ou se esforça tanto para administrar o nervosismo que acaba não se preparando para o discurso e, assim, se torna incapaz de dar o melhor de si. Ou seja: reprimir o nervosismo não ajuda em nada.

Em vez disso, diga a si mesmo: "É, estou nervoso. Excelente! Isso significa que estou vivo e que tenho energia para gastar. O que posso fazer com essa energia toda? Distribuí-la! Deixarei minha plateia impressionada."

Depois que aprender a fazer isso – a aceitar o nervosismo, respirar fundo e aproveitá-lo na forma de comprometimento e animação –, é possível que você venha até a desejá-lo e tente ficar nervoso quando não estiver.

Entrada triunfal

Quando eu era criança, havia um perfume com o seguinte slogan: "Faça uma entrada triunfal sem dizer nada." Embora já não recorde mais qual perfume estava sendo anunciado, lembro-me dessas palavras toda vez que vejo alguém se dirigir à tribuna ou subir ao palco. O orador que corre para o palco, que olha fixamente para os próprios pés enquanto se dirige à tribuna ou que reorganiza suas anotações antes de começar não me inspira confiança. Ao contrário, começo a ter pena e chego a ficar nervosa por ele.

A Nasa afirma que metade do combustível de um foguete é usado no primeiro quilômetro de voo. Não é fascinante? É com esse espírito que você deveria se dirigir ao palco – como se não pudesse esperar para subir lá e começar a inspirar, convencer e divertir a plateia.

Para continuar com a analogia dos foguetes, concentre sua energia somente na caminhada até o palco nesse primeiro momento. Como já mencionei, essa não é a hora de arrumar seus papéis nem seu cabelo. Sou fã de F. Scott Fitzgerald e uma das muitas cenas que me impressionaram em *Suave é a noite* é a análise que os protagonistas fazem dos vários homens que entram no restaurante onde eles estão almoçando. Ao entrar no restaurante, cada homem que percebe os olhos do grupo sobre si mesmo se sente tentado a arrumar o cabelo, ajeitar a gravata ou alisar o paletó. Em outras palavras, fica inquieto. Não se comporte desse jeito. Em vez disso, use essa energia nervosa de outra maneira:

Sorria. Novamente, isso parece algo óbvio demais para ser dito, mas é preciso. Seja porque estamos nervosos e então nos esquecemos, ou porque pensamos que sorrir transmite uma ideia errada – fazendo-nos parecer menos sérios –, em geral não damos bola para o sorriso. Não estou dizendo que é conveniente sorrir quando estiver anunciando estatísticas sobre o número de pessoas mortas num desastre. O que quero dizer é que é impor-

É uma fuga, não um caminho

De vez em quando algum cliente me pergunta o que acho de tomar remédios para diminuir o nervosimo antes de falar em público. Embora eu não seja qualificada para dar um conselho sobre o assunto, tenho uma opinião formada sobre isso: sou contra. Acho que ganhamos muito aprendendo a administrar o nervosismo com eficiência, tanto numa situação imediata quando ao longo da vida.

Assim, se você realmente acha que seu nervosismo é incapacitante, converse com um profissional qualificado para que ele lhe prescreva algo. Peço, porém, que pense nisso como uma fuga, e não como um caminho – deixe que isso o ajude nesse momento, mas não dependa de um remédio para o resto de sua jornada. Encare-o como uma solução temporária usada enquanto você trabalha para ficar mais seguro de seu talento.

tante sorrir na maioria das situações. E não se trata do sorriso malicioso de um comediante, e sim de um sinal que mostre que você está feliz em ver a plateia.

Garanto que isso contribuirá muito para que as pessoas também se sintam felizes ao vê-lo.

Não se esconda

Quando pensamos em falar em público, geralmente nos imaginamos discursando atrás de uma tribuna. No entanto, como já foi discutido, 55% do impacto que você causa vem do que seu corpo está fazendo enquanto você fala, e se a maior parte do seu corpo estiver escondida da sua plateia, você perderá uma boa oportunidade de causar uma impressão favorável.

Como fazer então para dispensar a tribuna sem grandes traumas? O elemento mais importante é deixar de ler um roteiro na íntegra e passar a usar uma lista resumida, com palavras-chave, tópicos ou conceitos que sirvam como um guia para a palestra que você preparou. Os detalhes dessa transição podem ser encontrados no Capítulo 7, "Na hora de passar as ideias para o papel", mas vale a pena adiantar que isso fará maravilhas tanto para sua autoconfiança quanto para o deleite dos espectadores. Por definição, ler para uma plateia significa não ter contato visual com ela. Além disso, como já foi dito, significa que você ficará preso atrás da tribuna. Por fim, ao ler e reler qualquer roteiro completo previamente, é improvável que ele pareça novo quando chegar a hora de repeti-lo em público. Em outras palavras, você estará comprometendo sua postura física e seu tom de voz.

Quando estiver usando um resumo, recomendo colocá-lo sobre a tribuna e se posicionar ao lado dela. Essa estratégia permite que a plateia continue vendo você e que os papéis estejam a uma distância acessível, caso precise consultá-los. Só para constar, é assim que eu falo em público. Quando preciso me orientar, simplesmente me aproximo e dou uma olhada na minha lista de tópicos. Se percebo que me esqueci de um ponto que queria mencionar, digo: "Ah, uma coisa que esqueci de comentar quando estava falando sobre X é..." E sigo em frente.

Se perder a proteção da tribuna lhe parece assustador, então não tente isso logo de cara. Um bom modo de começar a praticar é se expor completamente durante a sessão de perguntas e respostas. Nessa hora, as anotações não vão ajudá-lo e sua plateia vai apreciar o fato de você reforçar fisicamente que é acessível.

Não há nada de neutro na neutralidade

No mundo da interpretação e da oratória, a posição neutra é aquela de onde você pode se mover facilmente em qualquer direção, dependendo da sua necessidade, da necessidade de sua plateia ou dos limites do espaço no qual você se encontra.

O que significa ficar num estado de neutralidade?

Quando você está neutro, seu peso é distribuído sobre os dois pés e suas mãos pendem ao longo do corpo. Parece simples, não é?

Se você estiver lendo isso sentado, levante-se e se coloque numa posição de neutralidade. Continue de pé. Não fique inquieto. Não jogue seu peso de um pé para o outro. Não cruze os braços sobre o peito nem coloque as mãos para trás.

Foi mais difícil do que parecia?

Na verdade, permanecer neutro é algo que exige prática para a maioria das pessoas. Cruzar os braços ou entrelaçar os dedos sobre a região da virilha já está programado em nossas células. É um gesto instintivo que fazemos para proteger nossa genitália.

Por isso se colocar em estado neutro é importante. É algo que a plateia entende de forma inconsciente, como se dissesse: "Aquela pessoa é tão segura de si mesma que não precisa se proteger."

Outra vantagem importante da neutralidade é que, como já foi dito, ela lhe deixa livre para reagir de acordo com o grau de energia necessário durante sua apresentação. Se no começo você precisa convencer, depois inspirar, terá que acessar dois tipos bem diferentes de posturas físicas. Ficar neutro lhe propicia lidar com os sinais que estiver recebendo de seus nervos. Por exemplo, alongar os dedos ao máximo relaxa boa parte da tensão, assim como soltar todo o ar dos pulmões – duas coisas que não podem ser feitas com os braços cruzados ou os dedos entrelaçados.

Agora que você viu como a neutralidade é um recurso poderoso, já pode começar a praticar. Se tentar se colocar nesse estado durante apenas alguns minutos por dia, aos poucos isso se tornará um hábito que lhe será útil em qualquer ocasião.

Nada vence o fator humano

Um dos equívocos mais comuns com o qual me deparo é a ideia de que um discurso só é bom se for "perfeito" – se fascinarmos nossa plateia com nossa inteligência e carisma, se a deixarmos impressionada com nossa autoconfiança e nosso domínio do tema.

Estou aqui para lhe dizer que isso não é verdade. Assistir à perfeição não é tão interessante assim. Na verdade, a perfeição pode ser entediante e cansativa. O que gostamos de ver é o fator humano. Explicarei melhor o que quero dizer com isso.

Um dos meus primeiros clientes estava se frustrando com a ideia de perfeição. Para ele, isso se traduzia em ser uma pessoa inacessível e que gostava de ir sempre direto aos fatos. Isso nunca é bom, mas, quando meu cliente foi convidado para fazer um discurso num ambiente formal sobre como melhorar as relações entre nações vizinhas, ele viu como essa postura iria realmente atrapalhá-lo.

Nossos primeiros exercícios foram difíceis. O rosto e a voz dele não tinham expressividade, e ele se apegava firmemente à tribuna, por isso eu o interrompi.

– Fale-me sobre o seu vizinho.

– O quê?

– Fale-me sobre um vizinho seu de verdade.

Então ele contou uma história maravilhosa sobre sua vizinha de 85 anos, que morava na casa ao lado há 30 anos. Contou sobre sua determinação e seu entusiasmo pela vida. Enquanto falava, a imagem de meu cliente foi mudando: seu rosto se iluminou, seus olhos brilharam e ele se soltou da tribuna.

Em momentos como esse, sou grata pela minha câmera de vídeo. Terminado o exercício, assistimos às duas partes da gravação: primeiro seu discurso formal e "perfeito", depois seu discurso improvisado e encantador. Ao assistir àquilo, ele viu a diferença: o afeto e o respeito que sentia por aquela mulher eram muito mais interessantes do que os fatos e números nus e crus. Mas o que podíamos fazer? Como conseguiríamos incorporar esse elemento humano ao assunto do qual ele teria que tratar?

Decidimos escrever o nome da vizinha nas margens do discurso impresso sempre que aparecesse a palavra "vizinho". Isso iria ajudá-lo a permanecer conectado ao "fator humano" da palavra e ao seu próprio sentimento em relação à sua vizinha de verdade. Depois, encontramos associações humanas para outras palavras e conceitos áridos. Essas anotações contribuíram para que ele permanecesse emocionalmente ligado ao tema que precisava abordar. O resultado? Meu cliente conquistou a plateia, que ficou encantada tanto com sua sensibilidade quanto com sua capacidade de transformar conceitos vagos em elementos acessíveis e diretos.

Por isso, da próxima vez que tiver que falar sobre ideias complexas, estatísticas, informações protocolares relacionadas ao trabalho – qualquer coisa com que a plateia ache difícil se identicar –, recomendo que reserve um tempo para encontrar um catalisador semelhante em sua vida que o ajude a se conectar ao fator humano, depois escreva essa palavra ou frase nas margens do discurso. Você se surpreenderá ao ver como isso transformará as informações para a plateia e a imagem que as pessoas fazem de você.

Abóbora/uva-passa

Este exercício chegou até mim graças a meus amigos atores e também é conhecido por muitos modelos com os quais trabalhei. Trata-se do exercício da "abóbora ou uva-passa".

Primeiro, faça uma careta como uma abóbora de Halloween: abra a boca num sorriso enorme, arregale os olhos o mais que puder e ponha a língua para fora. Depois, murche a cara como uma uva-passa: contraia a boca ao máximo, feche bem os olhos, sugue as bochechas para dentro e franza as sobrancelhas. Em seguida, transforme-se em abóbora novamente, e vá intercalando esses movimentos.

Qual seria a utilidade desse exercício? Para começar, temos 44 músculos no rosto, sendo que usamos apenas 4 deles na mastigação e mais alguns para falar. No entanto, no dia a dia os músculos que controlam toda a nossa variedade potencial de expressões faciais raramente são usados. Além disso, do mesmo modo que os outros músculos do nosso corpo ficam tensos quando estamos nervosos, os músculos do nosso rosto também se contraem nessa situação, limitando ainda mais nossa expressividade.

O fato, porém, é que do mesmo modo que variar nosso tom de voz a torna mais agradável para quem a ouve, aumentar a variedade da nossa expressão facial torna nosso rosto mais interessante para quem o vê. E, quando estiver falando para uma plateia, você vai querer usar todas as ferramentas possíveis para ter certeza de que todos os olhos estão sobre você.

É verdade que alguns dos meus clientes a princípio se sentem bobos fazendo esse exercício, mas, quando se veem no vídeo depois de praticarem um pouco, eles percebem a diferença na mesma hora. Seu semblante fica mais cheio de vida, mais expressivo e mais cativante. As palavras que eles dizem – as mesmas palavras que ensaiávamos antes – parecem ganhar importância.

Solvitur ambulando

Como você deve ter percebido, tenho vários personagens nos quais me inspiro. Entre eles, Santo Agostinho, um santo muito influente para o cristianismo ocidental. Segundo dizem, uma das ideias em que ele acreditava, e com a qual concordo, é *Solvitur ambulando:* isso se resolve andando.

Você já percebeu que muitas brigas desnecessárias ocorrem quando as pessoas estão presas num carro ou sentadas em lados opostos de uma mesa num restaurante? Minha teoria pessoal é a de que isso acontece porque não somos capazes de nos movimentar – de descarregar fisicamente os sentimentos –, e à medida que essas emoções são encurraladas pelo espaço exíguo, as possibilidades de se encontrar uma solução são sufocadas.

Talvez seja por isso que as pessoas dizem que precisam "dar uma volta" quando querem esfriar a cabeça.

Como andar pode ajudá-lo a falar em público?

Os clientes costumam me ligar quando não sabem exatamente o que querem dizer, perguntando-me se posso resolver isso para eles. E eu respondo: "Não. Mas posso ajudar *você* a resolver. Vamos dar uma volta."

Muitos ficam irritados com isso, achando que estou enrolando. Mas o que descobri, e o que eles descobrem depois da caminhada, é que sabem, sim, o que pensam, sentem ou querem dizer, mas esses pensamentos e sentimentos não tinham espaço para crescer porque eles estavam tentando resolver o problema sentados, atrás de uma mesa ou do computador. Andar nos ajuda a descobrir os estímulos emocionais que estão por trás do raciocínio, por isso as ideias brotam. Além disso, nos leva a descobrir o ritmo ideal para expressar nossos pensamentos com eloquência.

Se você não está convencido, saiba que Wallace Stevens, um dos mais importantes poetas americanos, trabalhou como corretor de seguros a vida toda. Quando ele compunha seus poemas? No caminho de casa para a seguradora e de lá para casa. Ele disse que era nessas horas que as palavras e os ritmos lhe surgiam. Depois, ao chegar à sua mesa de trabalho ou em casa, ele passava tudo para o papel.

Andar e ao mesmo tempo proferir seu discurso em voz alta ajuda a gravar o resultado final no seu próprio corpo, o que é útil para sua memória, e a perceber como e quando será melhor passar de uma ideia a outra. Quem estava acostumado a pôr essa técnica em prática, embora nadasse em vez de caminhar, era Frank Sinatra. Quando ele estava trabalhando numa música nova, praticava-a enquanto nadava, usando aquele tempo na piscina para absorvê-la e coordená-la com sua respiração.

Por isso, da próxima vez que você estiver no meio de uma briga desnecessária, com um bloqueio criativo ou com medo do palco, mexa-se.

Divida o problema com todos

Quando você está se preparando para falar em público, é fácil pensar em todas as coisas que podem dar errado: vai esquecer seus argumentos, derramar o copo com água, os aparelhos não funcionarão e por aí vai. Um pouco dessa preocupação tem lá sua utilidade: pode obrigá-lo a pensar no que faria no caso de uma adversidade. O problema, contudo, é que, por mais que seja precavido, você jamais terá total controle sobre cada um dos aspectos ou elementos da sua apresentação.

O que fazer, então, se algo de ruim acontecer?

O melhor conselho que posso lhe dar é dividir o problema com todos. Reconheça-o sem alarde e siga em frente: "Espere um pouco. Esqueci o que ia dizer", "E lá se vai minha água" ,"Como vocês podem ver, estamos com alguns probleminhas técnicos", etc. Tentar encobrir o que aconteceu é muito mais desagradável para a sua plateia. Afinal, as pessoas costumam perceber tudo. Fingir que ninguém está vendo é como ignorar um elefante na sala. Ao reconhecer o problema, contudo, você faz com que a plateia se torne sua parceira numa conspiração. É o mesmo que convidá-la a ficar do seu lado. E também deixa sua mente livre para continuar o que estava falando. Você não precisa desviar a atenção nem gastar energia tentando disfarçar o que aconteceu.

Outro comportamento típico a que costumo assistir nessas horas é o pedido de desculpas exagerado. Um orador se envergonha pelos erros e, por causa do seu nervosismo, se desculpa por isso repetidas vezes. Saiba de uma coisa: um pedido de desculpas é suficiente; ficar se desculpando seguidamente apenas serve para fazer com que o público preste ainda mais atenção no que deu errado.

Também é importante se lembrar de dividir o problema com todos antes de falar em público se você estiver incomodado com a temperatura do ambiente, a altura da tribuna, a localização do seu assento, etc. Em geral, não dizemos nada porque não queremos parecer difíceis ou exigentes. O problema é que nem sempre ficar calado vai impedi-lo de continuar pensando no assunto, o que significa que você não estará totalmente concentrado no discurso que fará ou nas perguntas que está prestes a responder. Parte do seu cérebro estará ocupada pensando no calor ou no desconforto que você está sentindo. Expor a situação, mesmo que ela não possa ser resolvida, o deixa livre para focar no item mais importante: fazer o seu melhor.

Saber concluir

Todos nós já vimos ginastas olímpicos que nos impressionaram com a apresentação, mas perderam pontos cruciais ao concluírem mal o último salto, arruinando a impressão que haviam causado até então. O mesmo se aplica à oratória – todos os floreios e estratégias que você incluiu no seu discurso devem ser fundamentados pela conclusão, caso contrário deixará sua plateia decepcionada.

Como fechar o discurso com chave de ouro? Para chegar lá, existem dois fatores em jogo: preparação prévia e prática. A preparação vai ajudá-lo a saber onde e como terminar o discurso, ao passo que a prática garante que você terá fôlego para chegar lá – se perder a energia e a atenção antes do fim, mesmo uma boa conclusão perderá seu efeito.

Charles Osgood, em seu livro *Osgood on Speaking* (Osgood sobre oratória), diz a seus leitores que, quando escreve seus roteiros para a televisão, começa pela última frase. Isso o mantém focado na mensagem que quer deixar para seus espectadores quando o programa terminar. Do mesmo modo que você provavelmente não entra no seu carro ou no avião sem uma ideia clara do destino, não vai querer proferir um discurso sem uma ideia clara de para onde quer levar sua plateia. Uma vez que o destino esteja definido, o caminho que você usar para chegar lá poderá mudar de acordo com as circunstâncias, mas tanto os passageiros quanto o motorista ficarão mais à vontade por saberem para onde vão.

Dito isso, é hora de poupar sua energia e garantir que você chegue ao fim do discurso com a mesma convicção e o mesmo foco com que o iniciou. Isso pode ser difícil por alguns motivos. Às vezes porque o começo é tão complicado que acabamos desperdiçando nele toda a nossa energia pré-discurso: onde e como nos posicionaremos e o que diremos consomem boa parte do tempo de preparação. Outras vezes porque estamos tão ansiosos para terminar que avançamos apressadamente em direção à conclusão.

Mas você não pode apressar sua conclusão.

É por isso que praticar seu discurso em voz alta é tão importante. Você (um colega de confiança ou um membro da sua família) perceberá quando estiver começando a se dirigir para o final e poderá ajustar o ritmo adequadamente.

Por fim, do mesmo modo que os ginastas cumprimentam a multidão com os braços erguidos, num sinal de vitória, independentemente de como foi sua apresentação, você deve agradecer os aplausos da plateia, mesmo se achar que não se saiu bem. Deixar de fazer isso é um gesto de desrespeito pelo esforço empreendido por sua plateia e por você mesmo.

Plante a dúvida

Um erro comum que os oradores cometem é terminar o discurso com uma conclusão forte e depois arruinar todo o bom trabalho indagando à plateia: "Alguém tem alguma pergunta?"

Por que isso é um problema? Porque se ninguém tiver uma pergunta ou se ninguém quiser se manifestar, um silêncio constrangedor tomará conta do ambiente. O orador ficará envergonhado e a plateia começará a se sentir culpada ou se perguntará por que ele não foi instigante.

Como você pode se preparar para que isso não aconteça? Uma solução é incluir, no começo do discurso, a frase "Vou reservar algum tempo para responder perguntas no final". Desse modo, seus ouvintes ficam alertas para escutá-lo com uma mentalidade questionadora. Outra maneira é infiltrar uma pergunta polêmica na plateia, com a ajuda de um colega ou amigo. Encarregue-o de levantar a mão assim que você disser "Alguém tem uma pergunta?". Em geral, isso basta para dar início a uma discussão. As pessoas se sentem menos constrangidas porque não serão as primeiras e porque vão ver como você se mostrará disposto a responder às perguntas delas.

Se você se esquecer de infiltrar uma pergunta na plateia previamente e ninguém tiver perguntas a fazer, há um jeito de salvar a situação. Sua frase salvadora nessas ocasiões será: "Uma pergunta que sempre me fazem é X." E, em seguida, você responde à pergunta. Essa técnica é útil porque desperta ideias no público e demonstra sua disponibilidade de falar sobre o assunto, deixando todo mundo à vontade.

Não se alongue nas questões específicas

É quase inevitável que uma questão em sua sessão de perguntas e respostas se baseie em detalhes específicos da situação de quem levantou a questão. Por exemplo: o tema discutido é o financiamento de imóveis e a pessoa se levanta na plateia e conta a todos os detalhes do relacionamento dela com quem lhe vendeu a casa, a condição atual do imóvel e como ele está diferente de quando o comprou, o que acha do estado lamentável da economia atual, etc.

Nesses momentos, é importante redirecionar a pergunta a fim de que sua resposta seja útil a todos os presentes. O problema é fazer isso de uma maneira que não ofenda nem constranja a pessoa que lhe fez a pergunta, ao mesmo tempo assegurando aos espectadores que você respeita o interesse coletivo. Minha sugestão para lidar com essa situação é a seguinte:

- Diga "Vou interrompê-lo" e não "Posso interrompê-lo?" – o que raramente diminui o ritmo da fala da outra pessoa e também não convence a plateia de que você ainda está no controle da situação.
- "Acho que sua pergunta tem um contexto mais amplo." Isso assegura à pessoa que o questionamento dela é importante.
- "Esse contexto é X, Y e Z." Nesse ponto, refaça a pergunta de modo que ela se encaixe de fato num contexto mais amplo.
- "Minha resposta a esta pergunta é A, B e C." Aqui você responde à pergunta que reformulou.
- "Se você ainda tiver dúvidas quanto aos detalhes da sua situação específica, sinta-se à vontade para me procurar depois da apresentação." Dessa forma você reconhece as preocupações da pessoa que está perguntando e dá continuidade à discussão.

Se a pessoa insistir, você pode responder assim:

- "Infelizmente é impossível falar sobre questões individuais de cada membro da plateia. Como disse, ficarei feliz em poder conversar em particular com você após a apresentação."

Mas, se disser que ficará feliz, assegure-se de parecer feliz mesmo.

A arte de apresentar as pessoas

Apresentar alguém parece ser algo tão insignificante quando comparado a ter que fazer uma palestra que o preparo necessário para se fazer isso com elegância e eficiência costuma ser dispensado. Só mesmo quando estamos em pé diante da plateia, à procura das palavras de que precisamos e olhando para o rosto cheio de expectativa do orador seguinte, é que percebemos que apresentar as pessoas é uma arte.

Quando lhe pedirem que apresente alguém, a primeira coisa que você precisa fazer – se isso não for óbvio demais – é perguntar a quem lhe pede isso por que as pessoas iam querer ouvir aquele orador. O que há na história, na experiência ou na especialidade do palestrante que lhes diz respeito e o que será interessante para a plateia? Depois, você precisa ligar para a pessoa que apresentará e lhe perguntar se há algo de especial que ela gostaria que mencionasse: quer que você cite as credenciais dela? Que introduza brevemente o tema? E, igualmente importante, há algo que *não* quer que mencione sobre sua história ou suas credenciais?

Além disso, você pode pedir para ver um rascunho do discurso ou um resumo do que o outro falará. A razão disso não é ofuscar o colega antecipando os argumentos dele para o público, e sim ver se há alguma coisa no discurso que seja particularmente interessante para você. Essa é uma maneira fácil e eficiente de se identificar com a apresentação, pois gera conteúdo para a criação de uma história para a plateia. É uma tática que o liberta do triste e cansado: "Hoje tenho o prazer de apresentar-lhes o renomado Sr. Fulano, que sei que todos estão ansiosos para ouvir." Em vez disso, você pode optar por: "Quando descobri que lhes apresentaria o Sr. Fulano, fiquei feliz, porque também tenho um pequeno negócio/um filho adolescente rebelde/medo de altura" – qualquer ponto em comum que possa ter descoberto – "e, como muitos de vocês, sempre quis ouvir como ele foi capaz de fazer X".

Agora que você já sabe as palavras que dirá, pode começar a pensar no tom de voz e na postura da sua apresentação. Como sempre, se você disser que está satisfeito, feliz ou empolgado por apresentar alguém, então sua voz e sua expressão devem parecer satisfeitas, felizes ou empolgadas. Quanto à postura, gesticule na direção do orador quando disser o nome dele. Sempre fico incomodada quando isso não acontece – imagine a cena: alguém em pé tagarelando sobre uma pessoa sem fazer qualquer referência física a ela, deixando todo mundo com o pescoço dolorido tentando descobrir de quem está falando. Saber quem é o orador dá à plateia a oportunidade de marcar visualmente a pessoa.

Quando você terminar o que queria dizer, comece a puxar os aplausos, o que fará com que o público também aplauda. Esse é um gesto importante, em geral desprezado, e sua ausência costuma resultar em aplausos anêmicos e hesitantes – algo que não inspira muita confiança ao palestrante nem aos espectadores. Por fim, quando o orador assumir o palco, aperte a mão dele, beije-o ou abrace-o (o que achar mais apropriado), conduza-o à sua frente em direção à tribuna e depois caminhe atrás dele para o seu lugar. Isso evitará o constrangedor "deixa-que-eu-deixo" que ocorre quando ninguém faz ideia de para que lado ir.

Embora possa parecer um exagero dar tanta atenção a algo aparentemente menor, posso lhe garantir que, se você fizer isso, será capaz de se dirigir para o seu lugar se sentindo seguro de que fez todo o possível para preparar tanto o palestrante quanto a plateia para o discurso que virá em seguida.

Volte confiante para o seu lugar

Do mesmo modo que é importante parar e avaliar o ambiente quando você começa a falar, também é importante cuidar da sua postura ao voltar para o seu lugar.

Nem sempre você presta atenção no orador o tempo todo – às vezes sua mente se volta para qualquer problema que esteja preocupando-o: "O que meu chefe quis dizer com aquilo?", "Por que Fulano sempre tem que fazer as coisas do jeito dele?", "Por que Sicrano não pode assumir um pouco do trabalho burocrático?".

E de repente todos ao seu redor estão aplaudindo. Só então você percebe que o orador concluiu a palestra. Ao voltar a prestar atenção nele, vê que ele está retornando furtivamente para o seu lugar. A cabeça dele está abaixada e os ombros estão encolhidos. E você pensa: "Acho que não foi culpa minha eu ter me dispersado. Ele deve ter sido pior do que pensei."

Por vários motivos que estão fora do nosso controle, é possível que alguns espectadores não estejam atentos a cada palavra que você diga. Todos temos várias coisas acontecendo em nossa vida ao mesmo tempo, e às vezes até mesmo os melhores oradores têm seu dia ruim. Ainda é possível, contudo – independentemente de você ter se saído bem ou de sua plateia tê-lo escutado – influenciar a impressão que sua performance deixou pelo modo como você volta para o seu lugar.

Como fazer isso? Dê um grande sorriso quando ainda estiver na tribuna. Permaneça lá, em pé, enquanto as pessoas o aplaudem. Por mais que ache que não merece, elas podem não sentir o mesmo. Você corre o risco de magoar a plateia se não aceitar a admiração dela. Junte quaisquer anotações ou papéis que você tenha exposto sem pressa. Depois, com a cabeça erguida, ainda sorrindo, volte para seu lugar. Atenção: não comece de imediato a conversar com seus companheiros sobre o fato de ter esquecido o item três da página quatro. Quaisquer erros que tenha cometido deverão ir para o túmulo com você.

Sair da tribuna assim deixa uma impressão de satisfação com seu próprio desempenho, o que sua plateia acatará sem maiores questionamentos. Se você precisar ir ao banheiro posteriormente e desabafar com alguém, fique à vontade – mas, por favor, volte confiante para o seu lugar.

EM RESUMO:

- Descubra tudo o que puder sobre as expectativas do evento e sobre a forma como seu discurso foi anunciado para os outros antes de começar a escrevê-lo.
- Faça um reconhecimento prévio completo do espaço físico antes de chegar ao evento. Nenhum detalhe deve ser ignorado.
- Escrever um discurso é contar uma história. Inicie-o com a sua versão do "Era uma vez...".
- Começar dizendo quem você é e agradecer por terem vindo é esperado e, portanto, não significa nada para a sua plateia. Não faça isso.
- Éthos, páthos, lógos – ética, empatia e lógica – são essenciais para que você conquiste a mente e o coração de seus espectadores.
- Tente evitar pensar no nervosismo como algum ruim. Em vez disso, pense que "Ficar nervoso é ótimo – significa que estou vivo e que me preocupo com o que estou apresentando".
- Chegou a hora: levante-se, contenha a agitação quando chegar à tribuna e sorria.
- Reforce fisicamente o fato de você ser uma pessoa acessível saindo de trás da tribuna sempre que possível.
- Permanecer neutro é uma demonstração de força. Pratique isso.

- Exibir seu lado humano para a plateia vai deixá-la muito mais interessada do que se você parecer perfeito.
- Aquecer os músculos do seu rosto antes de falar é tão importante quanto aquecer o corpo antes de começar a praticar um esporte.
- Se você enfrentar um bloqueio enquanto estiver escrevendo seu discurso ou se estiver intimidado pela ideia de falar em público, tente resolver isso andando e falando.
- Se houver um imprevisto, não tente escondê-lo ou ignorá-lo. Reconheça-o e siga em frente.
- Escreva a última frase do seu discurso primeiro, de modo que você saiba muito bem aonde quer chegar. Certifique-se de ter o fôlego necessário para conseguir.
- Se você planeja incluir uma sessão de perguntas e respostas na sua apresentação, certifique-se de ter combinado previamente com alguém na plateia para fazer a primeira pergunta.
- Redirecione uma pergunta baseada numa situação particular de um dos presentes com "Acho que a sua questão tem um contexto mais amplo".
- Apresentar os outros também é um discurso. Não cometa o erro de pensar que o grau de preparação é proporcional à duração do discurso.
- Independentemente do que pensar sobre o próprio desempenho, volte confiante e sorridente para o seu lugar.

CAPÍTULO 6

Uma ferramenta eficaz para boas apresentações

Como você sabe, o PowerPoint é uma ferramenta incrível. Se estiver desenvolvendo uma apresentação que pode ser realçada com efeitos visuais, ter slides à sua disposição tornará o resultado muito mais eficiente.

O problema é que muita gente esquece que esse recurso deve ser usado para *realçar* a apresentação e não para *substituí-la*. A apresentação deve estar focada sempre em você, e não nos recursos visuais. O ideal é que quase nada que sai da sua boca seja reproduzido pelos slides.

Sendo assim, este capítulo mostrará como criar efeitos visuais eficientes que não ofusquem ou depreciem, e sim realcem, você – o evento principal.

A prática leva à perfeição

Ainda que o PowerPoint possa facilitar a vida de várias maneiras, e geralmente facilita, um de seus efeitos colaterais é nos preocuparmos tanto com a criação da nossa apresentação que ficamos sem energia para praticar a exibição dos slides.

Muitas pessoas se sentem bobas falando em voz alta para uma sala vazia. É como se voltássemos ao jardim de infância e estivéssemos brincando de faz de conta. Mas é essencial que você supere esse desconforto e pratique quaisquer apresentações em voz alta antes de realizá-las – principalmente as de PowerPoint. É fácil demais sucumbir à ideia de que o apoio das imagens é suficiente para se causar uma boa impressão.

Espaço e posicionamento

Quando você está fazendo uma apresentação com projeção de slides, todos os elementos do ambiente citados na seção "Reconhecimento avançado", do capítulo anterior, devem ser avaliados: quais são o tamanho e o formato da sala? Como é a acústica? Onde fica a mesa? Onde você quer se posicionar em relação à mesa? O microfone fica preso à tribuna ou você usará um microfone móvel? Qual é a altura da tribuna? E assim por diante.

Além disso, eis aqui algumas dicas muito específicas, mas importantes, que você pode usar para a logística da sala trabalhar a seu favor:

- *Importantíssimo*: a tribuna ou mesa atrás da qual você falará deve ficar à esquerda da tela em relação à plateia. Por quê? Porque lemos da esquerda para a direita, e se você ficar à direita da tela estará exigindo que nos esforcemos demais para ler seus slides.
- Se outra pessoa estiver auxiliando-o com seus aparelhos, ela tem que estar dentro do seu campo de visão (de preferência, de frente para você), porque, caso algo deixe de funcionar, você não vai querer dar as costas para sua plateia enquanto resolve o problema.
- Se tiver que apontar para algo que está sendo exibido na tela, faça isso apenas com a mão esquerda, sem dar as costas para o público.
- Certifique-se de que você tenha uma fonte de luz que o ilumine quando a sala ficar escura. É bem mais difícil se destacar quando sua plateia não pode vê-lo. Se você se apresenta com frequência em diferentes salas de reuniões e por isso nunca tem muita certeza de como é o lugar onde falará, vale a pena investir numa lanterna pequena para ter sempre à mão.

- Diga à pessoa que vai desligar as luzes quando a apresentação começar para religá-las durante a sessão de perguntas e respostas. Essa parte do programa já é difícil – você não precisa fazê-la no escuro.

Embora todos esses detalhes possam parecer pequenos isoladamente, somados eles ganham força. Por isso, vale a pena dar alguns telefonemas para garantir que você tenha controle sobre tudo o que estiver ao seu alcance.

Dê MUITO destaque aos seus números

Tenho vários clientes banqueiros que, pela própria natureza do trabalho, vivem mergulhados em números o dia todo. Como estão acostumados com valores altíssimos, em geral falam em milhões e bilhões de forma quase sonolenta durante suas apresentações.

Nesse caso, aconselho meus clientes a imitar um locutor e dar grande destaque às cifras: "Os lucros da nossa rede aumentaram em 4 MILHÕES de dólares no último ano", "O faturamento da nossa equipe de vendas ficou estimado em 8 MILHÕES de dólares", etc.

O mesmo conselho vale para outras áreas. Uma frase como "Nossa revista tem 5 milhões de leitores no mundo todo" soa bem diferente de "Nossa revista tem 5 MILHÕES de leitores no mundo todo".

Sempre que tiver um número na sua apresentação, destaque-o, coloque-o em letras maiúsculas, escreva-o em negrito... faça o que for preciso para que você se lembre de que trata-se de algo IMPORTANTE.

Não seja monótono

Certa vez trabalhei com uma cliente que estava discursando sobre moda. Ela dizia que determinado vestido era o exemplo perfeito de estilo, sofisticação e luxo. Mas, ao mencionar esses três adjetivos, seu tom de voz não mudou. Nada se destacou, nada foi memorável.

O fato é que estilo, sofisticação e luxo são três palavras bem diferentes, com significados distintos. Se quer mesmo que seu interlocutor entenda isso – e que o acompanhe enquanto você estiver falando –, precisa variar seu tom de voz ao pronunciar cada palavra de uma lista.

Conversei com a cliente sobre a sonoridade de cada termo e o que cada um deles significava para ela. Por fim, concluímos que "estilo" tem uma sonoridade curta, direta e alegre, "sofisticado" é forte, confiante e elegante, e "luxo" nos envolve como um cobertor, com um som baixo, lento e gutural. Pensando nisso, ela repetiu a descrição do vestido. De repente, tornou-se muito mais interessante ouvi-la, e o que ela estava descrevendo evocou muito mais sensações.

Por isso, quando você estiver praticando sua apresentação ou seu discurso e for usar três adjetivos seguidos para defender uma ideia, reserve algum tempo para avaliar a sonoridade e o significado de cada palavra. Depois, use seu tom de voz para realçar as diferenças entre elas.

Anotações nas margens são verdadeiros guias

Um recurso para não repetir o que está escrito no slide exibido na tela é preparar sua apresentação fazendo anotações nas margens dos slides impressos que ajudem você a se lembrar do comentário adequado para cada um deles.

Por exemplo: um cliente novo me chamou para ajudá-lo a preparar uma apresentação com slides sobre uma incorporação imobiliária para a qual precisava captar investidores. Quando nos sentamos para trabalhar, descobri que a "apresentação" dele era, em essência, a leitura de todos os itens que apareciam na tela. Nada bom.

A solução foi fazer anotações nas margens para que elas funcionassem como lembretes de pequenas histórias que meu cliente queria contar em cada slide. Quando surgia na tela o slide mostrando o terreno que ele havia escolhido para o condomínio, juntamente com a área que esse terreno cobria, suas anotações lhe diziam para falar sobre como as famílias poderiam usar aquele espaço verde para caminhar nas tardes de domingo. Ao exibir o slide mostrando o terreno que ele destinaria ao comércio do condomínio, suas anotações lhe diziam para mencionar o fato de os adolescentes terem um lugar perfeito para se reunir. E assim por diante.

Essas anotações deram vida a cada um dos slides. Os participantes podiam tomar nota dos dados principais e ao mesmo tempo imaginar como eles e seus amigos usariam o espaço do condomínio.

Por isso, da próxima vez que você se sentar para desenvolver ideias para uma apresentação em PowerPoint, prepare duas listas: em uma delas, cite os tópicos e as estatísticas que você quer mostrar em cada slide; na outra, faça anotações que ajudem a se lembrar das histórias que contará para que sua exibição ganhe vida.

Organizando seus slides

Do mesmo modo que a forma como você diz alguma coisa e o que seu corpo está fazendo ao dizê-lo podem melhorar ou prejudicar consideravelmente o impacto que você causa, a quantidade de slides incluídos na sua apresentação de PowerPoint, o texto de cada slide e a maneira como o texto é distribuído influenciam consideravelmente a reação dos presentes e a forma como eles retêm as informações. Ter em mente as seguintes regras e ideias ao compor seus slides fará uma diferença notável no modo como seu trabalho será recebido:

- *A regra dos 10, 20, 30*: Esta regra foi criada e defendida por Guy Kawasaki, ex-guru da Apple. Ele afirma que toda apresentação deve ter não mais que 10 slides, durar até 20 minutos e o tamanho da fonte do texto dos slides tem que ser no mínimo corpo 30. Se você fica tentado a usar uma fonte menor para encaixar todas as coisas que pretende mostrar, precisa aprender a reunir apenas os pontos realmente essenciais à apresentação.
- *A hierarquia das informações*: Ao distribuir vários elementos de informações distintos, logomarcas ou imagens num slide, você precisa primeiro classificá-los em ordem de importância e depois dispô-los nos lugares que mais chamem atenção. Isso garantirá que as imagens que você quer destacar estejam no lugar ideal.
- *A regra da esquerda/direita*: Se for colocar duas imagens ou produtos lado a lado, disponha aquela que quer que sua plateia escolha (ou preste mais atenção) à direita do slide. Por mais sofisticados que pensemos ser, a verdade é que ainda vemos o lado esquerdo como sinônimo de coisas sinistras. É por isso que a maioria dos apresentadores de talk-shows se senta de modo a aparecer do lado direito da tela da nossa televisão. É também por isso que quando se faz uma comparação de produtos num comercial, o produto que os publicitários querem que você compre estará sempre do lado direito da sua tela.

Antes, durante ou depois?

Muitos palestrantes estão tão acostumados a uma sessão de perguntas e respostas quando a apresentação termina que nunca pensam que isso possa ser feito de outra maneira. Acredito que há pelo menos duas outras alternativas e que existem vantagens e desvantagens em todas as três possibilidades. Minha

"Você não pode dar como certo se não verificar"

Mais uma vez, a frase acima é uma cortesia do Corpo de Fuzileiros Navais, dita geralmente como referência à artilharia pesada.

Embora eu acredite que nessas situações há muito mais coisas em risco, acho que é importante se lembrar desse aforismo ao se preparar para a sua apresentação de PowerPoint. Em geral somos tão dependentes dos nossos computadores que nem pensamos numa alternativa para o caso de eles falharem. Quem se lembra de telefonar com antecedência para saber se nosso sistema operacional ou nossos softwares são compatíveis com o padrão tecnológico usado no evento de que participaremos?

Embora eu não tenha dúvida de que você disponha do charme e da inteligência necessários para realizar a apresentação sem qualquer tipo de aparato tecnológico, seria uma pena ter que perder todo aquele tempo criando os slides e não poder usá-los. Por isso, por favor verifique com antecedência o seu equipamento e também o equipamento da empresa que o receberá.

recomendação, seja qual for a a sua escolha, é comunicá-la imediatamente:

- "Antes de eu começar, alguém tem alguma pergunta?"
- "Sintam-se livres para interromper se vocês tiverem alguma dúvida."
- "Peço que esperem até o final para fazerem perguntas."

A primeira opção pode ser útil em situações em que você sente que há uma tensão crescente e que as pessoas precisam desabafar antes de ouvi-lo. O problema é a possibilidade de você ficar tão envolvido lidando com as questões que não sobre tempo suficiente para fazer sua apresentação.

O lado bom de dar às pessoas sinal verde para fazerem perguntas a qualquer momento é que você evita que alguém fique tão distraído pelo que quer perguntar que deixa de prestar atenção no restante da sua apresentação. Os problemas em potencial dessa alternativa são você se distrair do seu próximo argumento ou a sessão de perguntas e respostas se transformar numa discussão interminável. No primeiro caso, não peça desculpas, mas faça uma pausa a fim de parar e pensar. "Esperem um pouco. Preciso de um tempo para reorganizar meus pensamentos" deve servir. Se a segunda situação ocorrer, não hesite em dizer: "Não acho bom perder mais tempo com esse assunto agora. Vamos retomá-lo ao fim da apresentação."

Por fim, o lado bom de pedir que as pessoas esperem até o fim da apresentação é que isso elimina a possibilidade de distração com as perguntas e lhe permite dizer tudo o que pretendia naquele intervalo de tempo. Os problemas são o que há de bom nas outras opções: as pessoas podem sentir que você não se importa com as questões delas, talvez elas não consigam prestar atenção enquanto a dúvida estiver na cabeça ou então não tenham a pergunta respondida por falta de tempo.

Em última análise, tudo se resume à formalidade ou informalidade da ocasião e a uma escolha pessoal. Se o espaço onde se encontram permitir que as pessoas participem e você estiver à vontade com isso, perguntas feitas antes e ou durante a apresentação podem ajudar tanto você quanto sua plateia a ficarem mais envolvidos e entusiasmados. Se isso não for possível, prepare o terreno para uma sessão de perguntas e respostas marcante infiltrando a primeira pergunta na plateia com antecedência e saindo de trás da tribuna durante a sessão, como um lembrete físico de que você é uma pessoa acessível.

Vale a pena repetir que, durante as perguntas e respostas, se você perder a linha de raciocínio, não hesite em afirmar isso e se corrigir. "Perdi o fio da meada... preciso de um minutinho" ou "Acho que perdi a linha de raciocínio... pode repetir a pergunta?" são formas perfeitamente aceitáveis de retomar a discussão.

Não existe "boa pergunta"

Esta é uma expressão usada com frequência pelos oradores nas sessões de perguntas e respostas. No entanto, meu conselho é evitá-la, pois raramente transmite a intenção do palestrante.

Em geral, o orador recorre a "boa pergunta" em duas situações: quando é pego desprevenido ou quando lhe fazem uma pergunta que ele não quer responder. Ele usa esse artifício para ganhar tempo enquanto pensa.

O problema é que agora o orador deixou sua plateia ansiosa pela resposta. Eles entendem "boa pergunta" como "Esta é uma resposta para se prestar atenção!" – quando, na verdade, a intenção do orador era a oposta.

O outro problema de se dizer "boa pergunta" é que isso faz com que todos os outros presentes que perguntaram alguma coisa achem que a pergunta deles não foi inteligente.

Para finalizar, a única ocasião em que recomendo usar a expressão "boa pergunta" é quando você quer *mesmo* que sua plateia preste atenção à resposta. E até nesse caso acho melhor que você diga: "Que bom que você me perguntou isso."

O poder da interação

Todos nós já ouvimos a frase "uma imagem vale mais que mil palavras". Imagine então quanta coisa você poderia dizer com um objeto concreto.

Deixe-me lhe dar um exemplo: eu tinha um cliente que estava se preparando para falar sobre xarope de milho, um ingrediente usado em vários alimentos por ser mais barato do que o açúcar, mas que muitas pessoas acreditam que causa um aumento na taxa de triglicerídeos no sangue e nos níveis de insulina. Ao entrar na sala, ele tinha vários slides detalhando como o xarope de milho era usado nos alimentos. Tudo era muito científico – e também muito chato.

Por isso eu o levei até a mercearia, onde compramos diversos produtos que tenho certeza de que você considera saudáveis, mas que, na verdade, estão cheios de xarope de milho. Sacolas e mais sacolas de molhos de salada light, ketchups, iogurtes e refrigerantes diet, pão árabe, pão de forma, manteiga de amendoim, biscoitos salgados, etc. Depois, nós os dispusemos em fileiras organizadas para ocupar toda a extensão da mesa da sala de reuniões.

No dia seguinte, quando os participantes se reuniram em volta da mesa, eles interagiram com os produtos. Todo mundo estava pegando as embalagens, lendo os rótulos e passando-as uns para os outros, exclamando: "Mas eu comia isso porque achava que fazia bem!"

Aquele encontro foi mais do que uma apresentação: foi um evento memorável, interativo e dinâmico. Todos adoraram. As pessoas saíram de lá comentando.

Por isso, da próxima vez que estiver elaborando sua apresentação, pense na possibilidade de incorporar um elemento físico. Há algo que possa dar ainda mais destaque à parte visual? Algum objeto que todos possam, fácil e rapidamente, passar de mão em mão ou interagir com ele? Há alguma coisa que você possa demonstrar sozinho ou pedir a alguém que demonstre para você?

Em todo caso, esse acessório deve enriquecer sua apresentação, sem substituí-la. Não deve ser usado para distrair as pessoas nem deve ser interativo demais, a ponto de dispersar a atenção delas. Escolha com cuidado e depois se divirta. Quando acessórios funcionam, você realça os aspectos visuais da apresentação e a imprevisibilidade desse recurso em geral passa uma ideia de liberdade e diversão que sua plateia – exausta de apresentações de PowerPoint – irá apreciar.

EM RESUMO:

- Criar slides é só o primeiro passo. Pratique, e muito.
- Certifique-se de que os elementos físicos – mesa, tela, material de apoio – estejam posicionados de forma a realçar sua mensagem.
- Evoque o locutor que há em você quando estiver citando números.
- Certifique-se de dar uma característica única a cada palavra de uma lista por meio da variação do seu tom de voz.
- Faça anotações nas margens para ajudá-lo a se lembrar de uma história para enriquecer cada slide.
- Existem fórmulas testadas e aprovadas para se organizar eficientemente um slide. Use-as sempre que possível.
- Opte por uma regra em relação às perguntas – antes, durante ou depois – e anuncie sua decisão aos presentes logo no início da sua reunião ou apresentação.
- Evite usar "boa pergunta" como uma maneira de ganhar tempo ao lidar com uma questão difícil.
- O uso de objetos pode ser ainda mais valioso do que o uso de imagens. Pense em como e quando eles podem ser úteis para você.

CAPÍTULO 7

Na hora de passar as ideias para o papel

Numa época em que somos bombardeados diariamente por mensagens instantâneas, torpedos, e-mails, etc., é fácil esquecer que escrever é uma arte.

Neste capítulo você vai encontrar uma definição bem ampla da escrita. Serão analisadas formas complexas como currículos, cartas de apresentação, roteiros para telefonemas de captação de clientes e pedidos de propostas a fornecedores. Também será abordada a etiqueta nos e-mails, assim como o velho bilhete de agradecimento manuscrito e enviado pelo correio. Discutirei a importância de se manter um arquivo de citações e também falarei de assuntos mais atuais, como websites. Por fim, incluirei minha idiossincrasia sobre temas como a importância de um bom material de escritório e o horror aos "emoticons".

Em última análise, espero que você termine o capítulo com uma ideia mais clara do poder da palavra escrita e uma sensação maior de confiança na sua habilidade para inspirar as pessoas por meio desse recurso.

Escreva com o coração

Escrever é complicado, e pouca gente acha que escreve bem. Na maioria das vezes, porém, essa sensação é apenas um reflexo dos comentários que ouvimos de pais e professores quando éramos estudantes, comentários que tomamos como verdade absoluta sem jamais pararmos para pensar se tinham valor.

Para mim, se são negativos, não têm valor algum.

Ora, não estou dizendo que não sei a diferença entre um texto fluido, persuasivo ou incisivo e um texto que não me interessa de imediato. O que estou dizendo é que, sempre que alguém gasta um tempo para registrar com honestidade suas observações, preocupações ou sentimentos por escrito, isso é bom por si só, pois a pessoa está tentando alcançar seu objetivo – está fazendo um esforço sincero para se comunicar. E, assim como ocorre no universo do discurso, o comprometimento e a autenticidade sempre terão vantagem sobre a técnica e a inspiração.

Em outras palavras, escrever bem tem a ver com estar presente: abrir sua mente e seu coração e permitir que os outros vejam o que há lá dentro.

Você pode me citar

Quando comecei a trabalhar no mercado editorial, *sendo paga para ler*, me senti no paraíso. O problema era que eu tinha dificuldade para memorizar todas as coisas boas que lia todos os dias. Foi por isso que criei um arquivo de citações, uma forma de reunir trechos de obras que me impressionavam e que poderiam me inspirar quando minhas próprias palavras fossem insuficientes.

Passados dez anos, tenho um arquivo de citações e tanto. Com 35 páginas neste momento, ele é minha salvação quando tenho de comunicar com clareza um raciocínio, defender uma opinião ou dar ênfase a um projeto.

E nessa era dos notebooks, é algo muito fácil de se fazer. Abra um documento no editor de textos, digite as frases, salve-o e pronto. Para mim, por exemplo, o arquivo de citações foi inestimável na realização deste livro.

Comece a compilar frases e você se surpreenderá ao perceber como vai adquirir rapidamente o hábito de registrar as palavras marcantes que ouve ou lê. Depois, quando estiver numa crise criativa, ou se precisar de uma epígrafe para um discurso ou de uma citação inspiradora para exibir na tela ao final da sua apresentação de slides, você terá um recurso valioso com que contar.

Os cuidados com o e-mail

O e-mail é de fato uma ferramenta útil, mas nem sempre constitui a melhor escolha.

Considero o e-mail ótimo quando o horário de uma reunião foi alterado e é preciso avisar 15 pessoas. Ou quando quero mandar um convite a alguns amigos para uma happy hour.

Mas acho que o e-mail nunca é útil para diálogos aprofundados nem para resolver problemas. Ele não pode expressar o seu tom de voz. E, como já aprendemos, o tom de voz é responsável por 38% da maneira como somos compreendidos. O e-mail tampouco pode expressar a postura física, que responde por 55%. Assim, resta apenas 7% de chance de ser compreendido usando o e-mail como instrumento de comunicação.

Eu não correria esse risco.

Outra coisa complicada em relação ao e-mail é que o imediatismo dele torna as pessoas descuidadas e paranoicas.

Descuidadas quando a comunicação está fluindo e elas se dão conta tarde demais de que estão enviando e-mails não apenas cheios de erros de ortografia, mas que compartilham informações pessoais demais.

Paranoicas quando enviam um e-mail, não obtêm resposta e começam a se perguntar por que o destinatário o recebeu e não respondeu. Depois inventam histórias para elas mesmas tramando possíveis motivos: ele deve ter pensado isso, ela deve ter se sentido assim... Por consequência, mandam um segundo (ou um terceiro, um quarto, etc.) e-mail ou leem um significado oculto ou frustrante em qualquer resposta que recebam. E a coisa vira uma bola de neve.

Meu conselho é: escreva qualquer e-mail que não for estritamente funcional como se estivesse entrando num campo minado. Depois de escrevê-lo, faça uma revisão e, se possível, coloque-o numa pasta de rascunho por uma hora ou um dia, ou mande-o para um amigo e ouça a opinião dele, ou ainda mande o e-mail para si mesmo e veja o que sente ao abri-lo.

Também pode ser útil se perguntar: "Estou com fome, raiva, me sentindo solitário ou cansado?" Se estiver, *não envie o e-mail.* Falando por experiência própria, isso não lhe fará bem. Nenhuma dessas condições permite que eu mostre o meu melhor. Imagino que o mesmo sirva para você. Por isso, mande e-mails com cuidado.

Na hora de fazer seu currículo

Para quem está na mesma empresa há muito tempo, atualizar o currículo parece tão estranho quanto foi escrever o currículo que rendeu o primeiro emprego. Contribui para essa sensação de desorientação o fato de que mudar de emprego ou carreira no meio da vida se deve, em geral, a algum tipo de problema físico, financeiro ou emocional – ocasião em que você dificilmente se sentirá motivado para escrever uma lista de suas realizações e experiências.

Ainda assim, é algo que precisa ser feito, por isso aqui estão alguns lembretes rápidos para se redigir um currículo eficiente:

- Mantenha o texto limpo e organizado. Muita gente perde tempo brincando com diferentes tipos de fontes e espaçamentos. Esse exagero de criatividade deixará seu documento cansativo de ler.
- Seja conciso. Sim, você tem muito mais realizações para listar do que tinha no início da carreira, mas isso não significa que seu leitor tenha mais tempo para ler sobre elas. Edite, corte e atenha-se ao essencial.

Fuja disso

Como já falei, o imediatismo e a facilidade do e-mail e da mensagem instantânea contribuem para que as pessoas fiquem desleixadas. O que me surpreende é que esses recursos fazem surgir ainda mais atalhos. Parece que não basta saber que a mensagem será enviada imediatamente – elas querem saber que será lida ainda mais depressa e assim recorrem a abreviações (rs, abs, bjs) e ao uso de emoticons (rezo para nunca mais ter que me sujeitar a um ☺, :-p ou ☹). Se você é um usuário desses procedimentos, por favor, limite-os às suas correspondências pessoais. Eles não são adequados ao ambiente profissional.

Sinto o mesmo em relação a personalizar e-mails com fundos coloridos ou tipos de fontes fora do comum. Sim, essas mensagens podem ser marcantes, mas em geral será por um motivo ruim.

E já que estamos falando de coisas que me irritam, peço que use com parcimônia os pontos de exclamação !!!!!!! e AS LETRAS MAIÚSCULAS. Ninguém gosta de aturar alguém berrando, nem pessoalmente nem por e-mail.

Por fim, jamais passe adiante as famigeradas correntes com pensamentos, piadas, simpatias ou seja lá o que for. Nada disso justifica encher a caixa de entrada do destinatário.

- Forneça detalhes concretos como "Durante o exercício do cargo as vendas aumentaram de X para Y milhões".
- Adapte seu currículo ao destinatário. Cada leitor tem uma prioridade diferente ou se interessa por aspectos distintos da sua experiência. Com certeza seu futuro empregador terá um histórico pessoal que você pode usar a seu favor.

Voltar ao jogo parece assustador, mas ter um currículo personalizado, conciso, com uma linguagem ativa e informativa em mãos fará maravilhas para estimular a confiança de que você pode – e vai – encontrar uma colocação adequada a suas necessidades e seus talentos.

A arte da carta de apresentação

Redigir a carta (ou o e-mail) que acompanha seu currículo pode, às vezes, ser tão complicado quanto escrever o próprio currículo. Listar suas credenciais naquele espaço reduzido já foi bem difícil – resumi-las em três parágrafos curtos e francos sem parecer agressivo, confiante sem parecer arrogante, e calmo sem parecer preguiçoso é um malabarismo e tanto. Manter os seguintes pontos em mente facilitará o processo:

- Comece mencionando como as necessidades e exigências da empresa combinam com sua experiência e seus talentos. Por exemplo: "Estou escrevendo porque os parâmetros divulgados para o cargo de consultor são totalmente compatíveis com minhas qualificações e experiência. Durante os últimos X anos, liderei uma equipe com Y pessoas numa empresa sem fins lucrativos, focada em Z."
- No segundo parágrafo, cite o motivo por que quer entrar para a empresa. Por exemplo: "O foco da sua empresa em X é algo por que me interesso muito", "Acredito que o modo como vocês exploram e compreendem a indústria de Y representa o futuro do setor", "A postura agressiva da empresa no que diz respeito à importância da inovação e da mudança é algo que compartilho". Depois, defina qual será a sua contribuição para a empresa. "Minha experiência no setor X complementa o trabalho atual de sua equipe", "Meu conhecimento sobre o setor Y aprofundará sua pesquisa", "Meus contatos no mercado emergente Z facilitarão a implementação de seu plano quinquenal".
- Conclua com as expressões de praxe: "Meu currículo segue em anexo. Aguardo uma resposta. Atenciosamente..."

Escreva e reescreva sua carta de apresentação várias vezes. Não tente acertar de primeira. Dê-se ao luxo de ser verborrágico numa primeira versão, depois corte as arestas e aperfeiçoe os rascunhos seguintes, lembrando-se sempre de manter a linguagem na voz ativa. Em última análise, sua carta de apresentação deve ser lida como um golpe fulminante, que faça o empregador se sentir na obrigação de entrar em contato com você.

A redação de discursos

Cada pessoa tem uma maneira diferente de escrever seus discursos. Algumas gostam de escrevê-lo palavra por palavra, outras preferem imprimir tópicos numa folha de papel e há quem prefira usar fichas. Pessoalmente, prefiro tópicos, por vários motivos.

Se você estiver lendo palavra por palavra de um roteiro, poderá estragar tudo de duas maneiras. A primeira é entediar os espectadores, já que poucos adultos gostam que leiam para eles. A segunda maneira é que, se você estiver lendo o seu roteiro enquanto tenta manter contato visual com a plateia, vai se perder e se confundir.

Se optar por trabalhar com fichas, vai precisar folheá-las enquanto fala, o que pode distrair os presentes. Se as derrubar, terá que reorganizá-las, e, mesmo que estejam numeradas, isso levará algum tempo. Por fim, sua plateia pode não gostar de vê-lo se dirigir à tribuna com uma pilha enorme de fichas na mão. As pessoas podem pensar algo como: "Caramba. Quanto tempo isso vai durar?"

Por isso, sugiro itens resumidos numa folha de papel. Para chegar a eles, tenha em mente o perfil do seu público e escreva todas as ideias a respeito do que você pretende dizer. Não edite nem organize o seu material; apenas registre tudo por escrito.

Depois desse brainstorming, siga o conselho de Charles Osgood e comece pela última frase. Qual será a sua conclusão? Só depois que tiver seu destino em mente é que pode começar a pensar em como chegar até lá.

Nesse ponto, você pode avaliar o material do seu brainstorming e escolher as três ideias, histórias ou os exemplos mais fortes para apoiar a exposição do tema ou objetivo. Depois, organize-os pela lógica ou por ordem de importância. Se, por exemplo, você vai falar às pessoas sobre como se envolver com determinada instituição de caridade, pode escolher três exemplos do que ela tem proporcionado e organizá-los do menos impressionante para o mais impressionante em termos de vidas transformadas ou dinheiro arrecadado.

Agora você pode pensar em contar uma história que chamará a atenção da sua plateia desde o início e encantará as pessoas. Essa será sua introdução.

Por fim, leia seu material *em voz alta.* Isso é obrigatório. Se você não praticar o discurso em voz alta, pode ter certeza de que pode saber como ir do ponto A para o ponto B, mas, quando chegar lá, vai tropeçar ou se perder. Só mesmo ouvindo o discurso é que você será capaz de distinguir os elementos que unem uma coisa a outra.

Por exemplo, se você estiver falando aos vencedores de um concurso nacional de receitas culinárias que usaram seu produto como ingrediente, pode acabar com algo parecido com isso:

A história:	O que o levou a criar o concurso?
Elemento de união entre as ideias:	Critérios do concurso
Ideia A:	O ganhador teve que usar nosso produto. E o prato deve: – ser orgânico – ser passível de preparo em até 30 minutos – ter cara de comida caseira

Elemento de união entre as ideias:	Qual a razão desses critérios?
Ideia B:	Expandir nosso produto junto ao público. Anteriormente era visto como: – prejudicial à saúde – trabalhoso – caro
Elemento de união entre as ideias:	Quem aceitou o desafio? Como?
Ideia C:	Recebemos milhares de inscrições. Entre elas: – quais foram os maiores erros – quem são os concorrentes mais fortes – por que foram escolhidos
Elemento de união entre as ideias:	Suas receitas demonstraram a mesma integridade que o nosso produto.
CONCLUSÃO	Vocês superaram todas as nossas expectativas. Não poderíamos ter feito isso sem vocês.

Essa abordagem o mantém no rumo e, ao praticá-la em voz alta, você ficará confiante na sua capacidade de memorizar as informações e, assim, terá energia de sobra para fazer o melhor com seu tom de voz e sua postura física.

Roteiro para captação de clientes

Como muitos de vocês, também administro meu próprio negócio porque adoro ser minha própria chefe. Mesmo assim, há momentos em que desejo poder terceirizar algumas das minhas "atividades de chefe". Captar clientes em potencial é uma delas. Sempre que eu pegava o telefone para impressionar alguém que via como um cliente em potencial, arrumava outra coisa para fazer.

Por sorte, gosto muito de explorar os talentos das pessoas, por isso pedi ajuda ao meu amigo Gregory, que adora captar clientes por telefone. Ele me ensinou a escrever um roteiro para as ligações. Primeiro eu deveria resumir por que estou ligando para o cliente em potencial e qual o meu objetivo. Depois, deveria prever todas as respostas negativas possíveis que poderia receber diante do meu pedido por dinheiro, reunião ou o que seja, e fornecer uma réplica para me deixar mais perto do que quero. Eis aqui um exemplo do que criamos para a captação de um cliente do mercado financeiro:

Eu	Sr. Smith, aqui é Frances Jones, da Cole Media Management. (pausa) Bom dia. (pausa) A empresa X e eu estivemos trabalhando juntos recentemente e tenho certeza de que o sucesso que tive com eles seria vantajoso também para a sua empresa. Seria ótimo nos reunirmos para conversar. Que tal na próxima terça-feira, às três da tarde?
Sr. Smith:	O que você faz?
Eu:	Ajudo executivos a se apresentarem melhor em entrevistas para a televisão e reuniões de diretoria. Adoraria ir até seu escritório e lhe mostrar como isso funciona. Que tal na próxima terça-feira...

Você deve ter notado que o corpo do roteiro inclui *meu nome* e *o nome da minha empresa*. Ele inclui ainda *o nome de uma empresa similar à dele* – ou uma isca parecida – para atrair e prender a atenção do interlocutor. Há também *uma frase descrevendo o que eu faço*. E – muito importante – apresenta *um pedido, com uma data e um horário concretos, para uma reunião*. Todos esses elementos devem estar no seu roteiro.

Depois, escrevemos as possíveis respostas que poderíamos obter e minhas réplicas:

Sr. Smith: *Não estou interessado.*
Eu: Seria por que o senhor está ocupado demais?
Sr. Smith: Sim.
Eu: Para o que o senhor está se preparando?
Sr. Smith: Tenho que participar de algumas reuniões.
Eu: Ah, mas é exatamente por isso que deveríamos nos encontrar. Que tal na próxima terça-feira...

Ou:

Sr. Smith: *Não dou entrevistas para a televisão.*
Eu: Mas o senhor fala para grupos grandes?
Sr. Smith: Sim.
Eu: Ah, mas é exatamente por isso que deveríamos nos encontrar. Que tal na próxima terça-feira...

Ou:

Sr. Smith: *Não há nada em vista.*
Eu: Melhor ainda. Quanto menos incêndios houver para apagar, melhores serão os resultados. E é por isso que agora é a melhor hora para nos encontrarmos. Que tal na próxima terça-feira...

Ou:

Sr. Smith: *Não tenho dinheiro.*
Eu: A reunião é de graça. Que tal na próxima terça-feira...

Ou:

Sr. Smith: *Já fui treinado para isso.*
Eu: Houve algum aspecto do treinamento que não satisfez suas necessidades?
Sr. Smith: Bem, sim...
Eu: É exatamente por isso que deveríamos nos encontrar. Que tal na próxima terça-feira...

Ou:

Sr. Smith: *Não preciso de ajuda.*
Eu: O senhor jamais fez uma apresentação em que sentiu que poderia ter se saído melhor?
Sr. Smith: Bem, sim...
Eu: É exatamente por isso que deveríamos nos encontrar. Que tal na próxima terça-feira...

Ou ainda:

Sr. Smith: *Não, nunca saí de uma reunião sentindo que eu poderia ter feito melhor.*
Eu: Meus parabéns! Nesse caso, tenho muito a aprender com o senhor. Que tal na próxima terça-feira...

Como pode ver, passamos muito tempo prevendo cada cenário de recusa possível e depois criando uma maneira sucinta de voltar a mencionar meu pedido para uma reunião e a data em que gostaria que acontecesse. Incluir em seu roteiro uma data concreta é extremamente importante, pois mostra ao seu interlocutor que ele não pode dissuadi-lo com um simples "Vou dar uma olhada na minha agenda e volto a ligar".

Se tudo isso lhe parece agressivo ou artificial demais, é mais uma razão para que você tenha um roteiro – a fim de que, na hora, não fique sem ter o que falar nem recue. Falando por experiência própria, não só descobri nessa abordagem uma motivação para captar clientes, como ela também fez com que eu desligasse o telefone quase sempre com uma reunião agendada.

Refinando sua proposta

Apesar de vivermos numa época em que as grandes e pequenas empresas terceirizam cada vez mais trabalhos especializados, a competição por esses serviços pode ser acirrada. O método que a maioria das grandes empresas utiliza para avaliar os muitos candidatos é pedir que eles apresentem uma proposta resumindo sua experiência e como planejam executar o trabalho. Para ajudá-lo a fazer uma proposta irrecusável, citarei alguns elementos que incluo quando ofereço meus serviços a alguma empresa:

- Histórico. O primeiro item indispensável é o histórico da minha empresa: quando ela foi fundada, o que definimos como nossa missão e o que fazemos por nossos clientes.
- Experiência com trabalho em equipe. Nessa parte, aparecem as biografias de todas as pessoas que serão designadas para trabalhar no projeto: cargo, função dentro da empresa, área de especialidade de cada um, clientes com que trabalharam, formação acadêmica, se pertinente (por exemplo, se têm um MBA), etc.
- Trabalhos relacionados. Aqui entram os nomes de empresas para as quais fizemos trabalhos semelhantes e os detalhes do que lhes oferecemos.
- Abordagem. Nessa parte, resumo o que entendemos que sejam as exigências dos clientes e como planejamos atender às suas necessidades. Em geral, ofereço um plano de ataque em duas fases:

    - A fase 1 traz um diagnóstico aprofundado do cliente: entrevistamos funcionários-chave, analisamos os dados disponíveis, o website, etc., avaliamos a imagem atual dos valores da empresa no mercado em comparação com a concorrência e consideramos os métodos atuais de comunicação interna e externa. Para finalizar, oferecemos algumas recomendações de efeito de curto prazo – mudanças que podem ser implementadas imediatamente a fim de melhorar a eficiência dos negócios.
    - Na fase 2, criamos um plano estratégico de continuidade. Isso requer a identificação dos problemas e desafios atuais na comunicação e no plano de marketing da empresa, o desenvolvimento de uma mensagem clara e consistente que ecoe dentro e fora da organização, a proposta de um processo capaz de disseminar essas informações externamente e sugestões para a criação de veículos eficientes por meio dos quais as novidades podem ser comunicadas.
- Valores: Por último, incluímos o preço que cobraremos pelo trabalho e as referências que atestem nossa responsabilidade e nosso compromisso.

Essas são apenas linhas gerais que usamos para apresentar nossa experiência, nossa competência e nossas ideias, mostrando como iremos satisfazer as necessidades da empresa. Cada proposta é ligeiramente diferente, dependendo da equipe para a qual a enviamos e dos detalhes específicos do ramo de atividade do cliente em potencial e de suas demandas. Quando você estiver pronto para escrever a sua, sem dúvida será capaz de adaptá-la de modo a satisfazer suas necessidades e as necessidades do cliente.

Faça seu site se destacar

Muitas pessoas querem um website visualmente bonito. Para isso, elas gastam muito tempo pensando no layout, nas animações em flash e nos vídeos. Mas focar apenas nos elementos visuais de um site, e não na linguagem, é como gastar muito tempo trabalhando na capa do seu livro, mas não no texto.

Há, claro, empresas especializadas em dar destaque ao seu site. O propósito desta seção é apenas lhe dar informações suficientes para que você comece a pesquisar o processo sozinho ou se sinta mais gabaritado a negociar com as empresas citadas, caso opte por esse caminho.

Como ativar esse misterioso processo conhecido como "otimização dos mecanismos de busca"? Bem, há duas maneiras: pela pesquisa natural e pelo link pago.

Para que seu site se destaque numa busca, você precisa incluir várias palavras-chave relacionadas à mensagem central em todo o texto principal e também no cabeçalho.

Se, por exemplo, estiver escrevendo sobre o mais recente vinho que sua vinícola no Uruguai está produzindo, você deverá fazer várias referências ao Uruguai e a vinho no corpo do texto, bem como no cabeçalho. Além disso, seria bom mencionar a proximidade de sua vinícola de Montevidéu, porque é dessa cidade que as pessoas se lembram quando pensam em ir ao Uruguai.

Depois, é necessário acrescentar o máximo de referências possível a outros negócios que tenha feito no seu ramo de atuação. Se, por exemplo, você entrou para a Associação dos Vinicultores da América do Sul e para a Associação dos Vinicultores Mundiais, cite essas afiliações. (Detalhe importante: assegure-se de que seus esforços de comercialização estejam sempre atualizados.)

Por fim, como você não pode encher o corpo do texto com palavras-chave, pois seria horrível de ler, deve usar várias *meta tags*. *Meta tags* são palavras ocultas que você associa a elementos do website – imagens, vídeos, animações. Essas palavras-chave que você adiciona ao código-fonte ficam invisíveis para os leitores, mas são visíveis para os programas que vasculham a internet na hora de fazer buscas.

Por meio do link pago você paga para que o próprio mecanismo de busca coloque o nome da sua empresa no topo da lista quando alguém procurar pelas palavras-chave pelas quais você pagou. Cabe a você especificar quanto quer pagar pelos serviços que gostaria de receber. Quanto mais palavras quiser, maior será o custo.

Independentemente do método escolhido, o importante mesmo é conhecer muito bem o assunto – tanto dentro da sua atuação quanto no contexto da concorrência –, de modo que você possa identificar a linguagem mais adequada para atrair os usuários.

"Gostaria de agradecer..."

Recomendo que o bilhete de agradecimento, aquele item que está no finzinho da sua lista de afazeres, seja feito imediatamente.

Em minha experiência, receber um bilhete de agradecimento manuscrito, na hora certa e *pelo correio*, surpreende tanto quem o recebe que tem o poder de gerar imensos benefícios para o remetente.

Como defino um bilhete de agradecimento bem escrito? Bem, primeiro ele tem que conter muito mais do que o óbvio "Obrigado por X. Foi muito gentil da sua parte". Isso é pouco. Explique como pretende usar o presente e reserve um tempo para desenvolver melhor a impressão de gentileza que teve da pessoa que o deu a você. Escreva exatamente o que acha que a pessoa pensou ao escolher o presente. Exemplos: "Você foi tão atencioso ao se lembrar de quanto gosto de ler romances policiais/de quanto gosto deste tom de azul/de como fico feliz em poder entreter meus amigos cozinhando para eles."

Envie-o até três dias depois de receber o presente.

Insisto para que use o correio tradicional porque, como é pouco utilizado nos dias de hoje, tem a vantagem de ser algo inesperado e, portanto, memorável. Outra razão é a oportunidade de aperfeiçoar seu agradecimento escolhendo um belo cartão ou papel de carta. Sua gratidão pelo presente será reforçada por esses toques pessoais.

Como tornar o processo menos trabalhoso? Recomendo que você comece a frequentar papelarias e lojas de lembrancinhas. Se você não tem os materiais de que precisa à mão, é muito provável que se esqueça de escrever o bilhete de agradecimento ou que o faça às pressas. Ao reservar 15 minutos do seu horário de almoço para comprar um cartão bonito ou uma caixa de elegantes papéis de carta, você facilita todo o processo. Se quiser mesmo entrar no espírito da coisa, pode pedir a uma papelaria que personalize seus bilhetes de agradecimento ou os papéis de carta com suas iniciais, seu nome, endereço e o que mais desejar.

Melhorando a aparência

Como já discutimos, ainda que as palavras e o tom de voz sejam responsáveis por uma parte de como nossa mensagem é recebida, a maior porcentagem está nos aspectos visuais. Levanto essa questão porque é importante se lembrar disso quando você estiver pronto para escrever ou imprimir sua primorosa mensagem. Afinal, seria uma pena que todo o seu trabalho fosse arruinado por uma escolha malfeita do meio de reunir as informações.

Então, como escolher?

Assim como alguém pode se assustar ao pensar na variedade de modelos, cores e preços disponíveis quando se está comprando um carro novo, também pode ficar exausto diante das várias opções inerentes ao processo de escolha do seu material de escritório e papel de carta. Que cor de papel você deve escolher? Branco, gelo, creme, azul-claro? E que cor de tinta? E quanto aos detalhes? Floreios e espirais ou ângulos e diagramas? E quanto à identificação: seu nome e endereço ou monograma?

Já que cada uma dessas escolhas revela um pouco mais de você ou da sua empresa para seus leitores, achei por bem reunir algumas regras básicas a fim de facilitar suas decisões:

- Papéis com detalhes em relevo continuam a reinar como o que há de melhor em se tratando de material de escritório. Embora o custo inicial possa ser alto, a reimpressão é muito mais barata, já que a matriz com seu monograma ou nome e endereço é simplesmente mantida num arquivo e reutilizada.
- Pense seriamente se incluirá o endereço, nome do cônjuge ou dos sócios no papel de carta gravado, ou mesmo impresso, já que esses elementos podem se alterar.
- Peça para ver todo o alfabeto quando estiver escolhendo a fonte, pois você pode se surpreender com algumas letras – um "g" que mais parece um "q", por exemplo.
- Detalhes em dourado não agradam muita gente.
- Ainda que contrastes fortes entre papel e tinta e envelopes com detalhes elegantes, como listas ou pontilhados, possam ser divertidos, você deve começar com o material de escritório mais básico: letras pretas sobre papel branco ou letras azul-marinho sobre papel azul-claro. Uma vez que tiver isso no seu acervo, sinta-se livre para ampliar suas opções.

Se alguém lhe envia algo escrito num material de escritório que você adora, guarde-o para facilitar a conversa quando se sentar com o designer ou o gerente da papelaria. Além disso, pense na sua escolha por um ou dois dias antes de tomar a decisão final.

EM RESUMO:

- Escrever com emoção e convicção supera qualquer esforço de perfeição gramatical que não tenha sentimento.
- Crie um arquivo de citações de modo que, quando houver necessidade – discursos, debates, apresentações de slides –, você disponha de muitas fontes com que poderá contar.
- O e-mail é ótimo para comunicar fatos e números. Mas usá-lo para comunicações aprofundadas ou para resolver problemas é uma escolha perigosa.
- Pense em seu currículo como sendo seu cartão de visitas: os "maiores sucessos" da sua carreira. Ele deve ser conciso, factual e personalizado.
- Sua carta de apresentação precisa ser lida em dois tempos: eis aqui por que estou lhes escrevendo e eis aqui minha contribuição para o grupo. O objetivo da carta é conseguir uma entrevista, e não convencer o leitor a contratá-lo por causa dela.
- Organizar seu discurso usando tópicos, em vez de escrevê-lo palavra por palavra, vai ajudá-lo a permanecer em sintonia com a plateia.
- Quando você tiver que fazer telefonemas de captação de clientes, tente adivinhar com antecedência cada objeção possível para sua oferta e escreva a réplica. Assim você pensará com mais clareza na hora.
- Já que cada vez mais empresas terceirizam serviços, você deve aperfeiçoar sua proposta sempre que se oferecer para um trabalho.

- Um website bonito não serve para nada se não tiver palavras-chave adequadas para atrair as pessoas. Reserve um tempo para desenvolver a metainformação, assim como o aspecto visual.
- Escreva seus bilhetes de agradecimento com sentimento. Mencione detalhes tanto do presente quanto da gentileza de quem o presenteou.
- Certifique-se de que você tenha seu material de escritório básico em mãos antes de diversificá-lo com opções mais ousadas.

CAPÍTULO 8

Obtendo o máximo de suas interações sociais

Para muitos de nós, as lembranças das festas da infância são repletas de alegria. Hoje em dia, porém, pensar em entrar numa sala cheia de pessoas se divertindo pode nos induzir a um leve ataque de pânico. Ficamos preocupados com nossa aparência, com o que vamos vestir e com o que diremos. Embora saibamos que eventos sociais são ocasiões valiosas para nos aproximarmos de pessoas que podem nos ajudar em termos de oportunidades profissionais e relações sociais, não sabemos como obter o máximo desses momentos. Temos medo de parecer agressivos, oportunistas ou carentes.

Meu objetivo neste capítulo é recuperar a alegria. Estou me propondo a ajudá-lo a reviver aquela sensação de aventura que costumava transformar a chegada de um convite para uma festa. Quero oferecer as habilidades necessárias para você estabelecer conexões duradouras com pessoas que acha que podem melhorar sua vida pessoal e sua carreira e, de quebra, se divertir.

Reconheça o seu valor

Tenho percebido que uma das causas que mantêm as pessoas inibidas em eventos sociais é se acharem menos importantes do que o anfitrião ou seus colegas convidados, seja porque elas não têm zilhões de dólares no banco, o diploma de uma universidade de prestígio ou não podem dar uma festa de aniversário infantil com direito a passeios de pônei e minizoológico. Essa percepção as impede de mostrar seu lado mais relaxado, confiante e entusiasmado. E na verdade são essas características que realmente agradam.

Quais seriam os valores pessoais intangíveis que podem conquistar as pessoas num evento social? Eis aqui alguns exemplos da minha equipe.

Meu amigo John tem um extraordinário talento para reconhecer e explicar por que alguma coisa é bonita. Esse dom faz dele uma pessoa agradável de se ter por perto porque sua admiração é sincera e seus elogios são precisos. Minha amiga Sarah é uma exímia contadora de histórias. Seu talento para atrair a atenção de um grupo e depois envolver todo mundo na história inevitavelmente quebra o gelo entre os convidados. Minha amiga Lisa é uma fantástica contadora de piadas. Sua habilidade para fazer imitações e seu tempo de comédia podem tornar até mesmo a piada mais infantil interessante para os ouvintes. Já meu amigo Greg é um gênio na pista de dança, tão habilidoso que pode fazer com que qualquer parceira pareça à vontade.

Assim, da próxima vez que você se descobrir assustado diante de um evento social porque acha que de alguma maneira não é digno dele, reserve um momento para refletir sobre alguns dos valores intangíveis que você com certeza levará para a festa. Além dos já citados, você talvez tenha, por exemplo, uma disposição infinita para ouvir os outros, um talento especial para fazer as pessoas falarem ou ainda um suprimento ilimitado de assuntos enigmáticos com os quais deslumbrar um convidado erudito.

Henry Wadsworth Longfellow disse: "Dê o que você tiver. Para alguém isso pode ser melhor do que você imagina." Definir seus valores intangíveis e inestimáveis vai ajudá-lo a se lembrar de tudo o que você tem a acrescentar.

Seu manual de instruções para festas

Ser convidado para uma festa ou um jantar pode despertar uma variedade de emoções, que vão do medo à empolgação. Se você é daqueles que tende a se entusiasmar, parabéns. Se, contudo, o temor for sua reação mais comum, saiba que você não está sozinho. Muitos clientes e amigos meus passam os minutos, as horas e os dias depois de aceitarem um convite tentando inventar uma desculpa plausível para não terem que ir ao evento. Ao contrário do que podem ter lhe dito, isso não significa que você seja misantropo, antissocial ou estraga prazeres. Criar um guia rápido de sobrevivência para festas pode ajudar não só a tornar a experiência mais agradável como também divertida. Para isso, você deverá fazer um pouco de espionagem prévia, campanha política e jornalismo investigativo.

Para começar, o convite lhe dará várias dicas sobre a situação na qual você pode estar entrando. Um convite impresso para uma festa é obviamente sinal de um planejamento muito maior por parte do seu anfitrião do que um telefonema na tarde de quinta-feira para uma festa no fim de semana. O fato de o convite ser formal ou informal não o libera de se preparar para o evento, apenas lhe dá uma ideia melhor da intenção do seu anfitrião ou do ambiente da festa. Quanto mais elaborado o convite, e quanto mais cedo você o receber, maior a probabilidade de, pelo menos para seu anfitrião, haver muita coisa em jogo.

Use o tempo disponível para confirmar sua presença. Se você não sabe ao certo o que significa "traje casual", mande um e-mail para seu anfitrião perguntando o que ele ou ela vai vestir ou o que recomenda que você vista, e pergunte ainda se há algum impeditivo para o qual deva estar atento a fim de evitar problemas de vestuário e garantir seu conforto. Quintais e pistas de dança, por exemplo, indicam que você não deve usar salto agulha. "Ficaremos ao ar livre" significa ter que levar uma blusa ou xale, caso tenha a tendência a ficar resfriado, ou usar mangas compridas, caso tenha alergia a mosquitos.

Pergunte a seu anfitrião se há alguém em especial que ele quer que você conheça. Essa é uma maneira fácil de avaliar as pessoas com as quais poderá se deparar ou de lhe dar um foco ou objetivo inicial para a noite.

Não peça a seu anfitrião indicações de como chegar à festa. Se você não sabe o caminho, pesquise na internet e dirija-se até o local do evento com tempo de sobra. Dificilmente você se sentirá disposto para uma festa depois de ficar rodando em círculos usando um vestido de noite e maquiagem. Por isso, organize-se.

Quando você chegar à festa, apresente-se ao maior número de pessoas possível. Se você se sentir desesperadamente incomodado com isso, essa é a hora de pensar em si mesmo como um político que está trabalhando para conquistar eleitores.

Ao se juntar a um grupo ou se sentar à mesa de jantar, apresente-se imediatamente às pessoas à sua esquerda e à sua direita. Se a largura da mesa e o arranjo de flores permitirem, se apresente depois aos demais ao redor da mesa.

Quando estiver em meio a uma conversa, tente fazer as pessoas falarem mais. O melhor jeito de conseguir isso é fazer perguntas que não requeiram um "sim" ou "não" como resposta. Acho que a pergunta "Como você conheceu Fulano [o anfitrião]?" em geral basta para dar início ao papo, já que envolve uma história.

E quando uma história começa a ser contada, isso significa que você está no caminho certo.

Quando seu anfitrião não cumpre o papel dele

É comum você chegar a uma festa e descobrir que seu anfitrião está – por qualquer motivo – extremamente distraído, o que resulta em qualquer coisa, desde esquecer seu nome até queimar o jantar ou passar boa parte da noite cochichando com amigos íntimos num canto.

Nessas horas, cabe a você, como minha avó costumava dizer, "se divertir sozinho". Dizer que seu nome na verdade é X, que a carne está queimada e que seu anfitrião parece estar estressado

Sem coragem não há glória

A hora de se entusiasmar com uma festa é antes de chegar lá. Do mesmo modo que você não pode colocar seu pé no mar gelado antes de decidir se está preparado para mergulhar – decida-se antes de tocar na água, ou jamais fará isso –, precisa se comprometer a se divertir numa festa com antecedência. Quando meus amigos e eu estamos receosos, ainda que determinados, a nadar na praia num dia ensolarado mas frio, gritamos "Sem coragem não há glória!" antes de corrermos para a água a toda a velocidade. Quando tenho que entrar num ambiente cheio de pessoas que nunca vi na vida, recorro ao meu encorajador equivalente para festas: aposto comigo mesma quantas pessoas conseguirei conhecer em uma hora. Essa ideia inevitavelmente me ajuda a transformar o medo em ansiedade, pois sou uma pessoa competitiva.

só servirá para aumentar o desconforto. Perguntar "Há alguma coisa que eu possa fazer?", embora seja uma iniciativa adorável, raramente é bem recebida. A melhor e mais educada atitude a tomar nessas horas é se esforçar ao máximo para encantar e ser encantado pelos convivas.

Outro cenário possível é aquele em que você percebe que o anfitrião o convidou com o propósito de favorecer os próprios objetivos – isto é, para colocar você num encontro às cegas, para lhe pedir um empréstimo ou para impressionar alguém. Nesses momentos, meu conselho é, mais uma vez, não chamar atenção para o que está acontecendo. Embora possa ser tentador se mostrar indignado, não é a hora nem o lugar para um confronto. Aproveite a festa da melhor maneira possível e depois vá para casa e *durma*. No dia seguinte, você estará com a cabeça mais fresca para lidar com o anfitrião e expressar seu descontentamento diante da atitude dele.

O que pode fazer toda a diferença da próxima vez que você encontrá-lo no seu meio social.

Você quer ter razão ou quer ter amigos?

Aposto que há poucas pessoas que gostem tanto de ter razão em tudo como eu. E não estou falando de saber a resposta correta no *Show do milhão*, embora isso também me satisfaça. Estou falando dos momentos menores e mais feios de se ter razão: eu estava certa quando disse que deveríamos ter virado à esquerda a meio quilômetro, eu estava certa quando disse que você não deveria ter confrontado tal pessoa quanto às escolhas dela a respeito da educação dos filhos, eu estava certa quando disse que a banda X tocou no lugar Y no dia Z, etc.

Essa obsessão por estar sempre com a razão, porém, costuma ter um grande efeito colateral. Pode às vezes custar uma amizade ou uma relação de negócios. É por isso que estou aprendendo a morder a língua e a me perguntar: "Quero ter razão ou quero ter amigos?"

Deixe-me lhe dar um exemplo. Há alguns anos, eu estava produzindo uma peça de teatro com meu amigo Clifford. Nós dois estávamos tendo dificuldades com um dos atores, que não conseguia se encaixar no esquema da peça e sempre passava dos limites. Certo dia Clifford me ligou irritado, dizendo que nosso amigo ator fora longe demais e que dessa vez provaríamos que ele estava errado.

Como Clifford não se acalmava, eu lhe disse: "Por mais que eu odeie admitir isso, este é um daqueles momentos em que devemos nos perguntar se queremos ter razão ou ter amigos. Você sabe que adoro estar com a razão, mas é possível que isso simplesmente não valha a pena."

Depois de alguns palavrões, Clifford concordou. Hoje, passados alguns anos, nós três somos unidos como irmãos, algo que não aconteceria se tivéssemos brigado com o ator por causa de nossas insatisfações.

A verdade é que raramente é necessário afirmar que estávamos com a razão. Em geral, todo mundo sabe disso. Por consequência, vamos parecer muito mais elegantes – e, sem dúvida, teremos vidas muito mais tranquilas – se pudermos nos conter quando essa vontade de nos vangloriarmos aparecer.

Os estilos do marketing boca a boca

Uma das vantagens de estar na festa "certa", se associar ao clube "certo" ou entrar na academia "certa" é o marketing feito nessas situações sociais. E embora essa ideia possa dar calafrios a algumas pessoas, a verdade é que o marketing boca a boca é um instrumento poderoso.

A pergunta é: como você pode mencionar o que faz sem soar arrogante ou sem parecer que está implorando por trabalho?

Minha primeira recomendação é que você não comece dizendo o que faz. Ao cumprimentar alguém, não diga: "Oi, meu nome é Joe Brown. Você deve ter ouvido falar da minha empresa, a Brown & Sons." Ou: "Oi, meu nome é Ann Smith, sou corretora de imóveis." Isso é irritante. Ao dizer isso, vai dar a impressão de que não está interessado em conhecer seu interlocutor, e sim apenas em falar sobre si mesmo.

A segunda é que, se a pessoa com a qual está falando perguntar o que você faz, não presuma que ela esteja interessada em ouvir todos os detalhes. Essa pergunta em geral é apenas uma ponte para uma conversa mais genérica ou até mesmo uma deixa para que você pergunte o que ela faz.

Essa deixa é uma dádiva. É nesse ponto que você pode começar a conhecer as particularidades da profissão da outra pessoa. Ao ouvi-la, é possível que descubra algo em comum com o que você mesmo faz. O mais provável, contudo, é que relacione alguma informação com o que ouviu de alguém na academia ou na festa da semana passada. E agora você tem a oportunidade de estabelecer uma rede de contatos ao unir duas pessoas. É assim que gente grande brinca.

Por que unir outras pessoas é tão importante? Há algumas razões. A primeira é que trata-se de um gesto de generosidade, e não há como se dar mal agindo assim. Outra razão é que as pessoas que apresentou agora sairão pelo mundo falando que você é um superprofissional.

Na situação improvável de você realmente perceber uma oportunidade imediata de conseguir um trabalho ou uma venda ao ser apresentado a alguém, não tente uma abordagem frontal na hora. Por mais que a ocasião pareça atraente, dificilmente você sairá da festa com um contrato assinado debaixo do braço. Em vez de abordá-la de imediato, diga à pessoa que você acabou de pensar numa oportunidade de negócio e pergunte se pode entrar em contato com ela durante o horário comercial na semana seguinte. Nunca tente fazer uma proposta no momento. Além de ser inadequado, existe uma grande chance de você ser interrompido.

Se você receber sinal verde para uma conversa futura, certifique-se de ter perguntado qual a melhor maneira de fazer isso. A pessoa prefere e-mail ou telefone? Há um dia e uma hora na semana mais adequados? Depois, quando entrar em contato, restrinja o assunto aos negócios. Ainda que tenham se conhecido num evento social, o campo de atuação é outro. Respeite as regras do território.

EM RESUMO:

- Se um evento social o deixa intimidado, ter em mente seus valores intangíveis – mas extremamente valiosos – aumentará sua confiança e seu divertimento.
- Seu manual de instruções para festas deve reunir um pouco de sondagem prévia e um pouco de jornalismo investigativo.

- Se seu anfitrião não estiver cumprindo o papel dele, divirta-se sozinho. Encante e se deixe encantar pelos demais convidados.
- Às vezes não vale a pena estar com a razão. Quanto tiver dúvida, pergunte a si mesmo: "Quero ter razão ou quero ter amigos?"
- Não tente uma abordagem frontal ao conhecer socialmente alguém em quem você vê um cliente potencial. Apenas peça para entrar em contato com a pessoa num outro dia.

CAPÍTULO 9

Os detalhes da sutileza verbal: como reagir a situações desconfortáveis

Como você sabe, começamos com vários princípios gerais e abrangentes do tipo "não saia de casa sem eles". Para finalizar, vamos analisar os detalhes da sutileza verbal: como escolher cuidadosamente o vocabulário, avaliar com sabedoria as intenções de seu interlocutor e manter a calma durante uma confrontação.

O propósito disso é ajudá-lo a desenvolver sua capacidade de ouvir o que não está sendo dito com tanta clareza quanto o que está sendo dito e, assim, reagir com uma linguagem que leva em conta todos os elementos explícitos e implícitos em jogo.

Dou muita atenção às sessões de perguntas e respostas porque, apesar de ser um estilo de diálogo com que a maioria de nós depara muito nas mais diversas situações, sei, por experiência própria e pela dos meus clientes, que o medo de que nos façam uma pergunta para a qual não temos resposta pode ser insuportável. Em geral, esse medo é superado apenas pelo pavor de fazer a alguém a pergunta errada ou uma pergunta idiota – duas coisas impossíveis de acontecer quando você dispõe dos instrumentos certos para formular sua questão de uma maneira que induza à informação de que precisa.

Como disse John Ruskin: "A capacidade de perguntar com clareza é mais do que meio caminho andado para conseguir uma resposta."

Outro motivo para nos determos nesse assunto é que perguntas são um instrumento inestimável para esclarecer mal-entendidos e amenizar situações tensas. O problema é que saber como e o que perguntar em situações de risco pode ser difícil. Dois excelentes meios para se chegar à raiz do que está sendo pensado e dito são analisar a intenção do interlocutor e refletir antes de falar.

Em última análise, o objetivo deste capítulo é fazer com que você se sinta seguro de que, não importa qual seja a situação – reunião a dois, palestra ou conferência – ou a pergunta – maliciosa, confusa ou irritante –, há vários caminhos possíveis para garantir que você e seu interlocutor terminem o diálogo satisfeitos.

Segundas intenções

Tão importante quanto qualquer resposta que damos a uma pergunta é compreender, ou pelo menos supor, a intenção existente por trás do fato de a pessoa estar perguntando aquilo. Se nos esquecermos de levar isso em conta, corremos o risco de, desde o início, ser mal-interpretados.

Há centenas de exemplos disso, na vida pessoal e profissional. Sua esposa pode lhe perguntar se você vai para a academia no sábado à tarde, pretendendo, com isso, convidá-lo para um passeio ou para ir ao cinema, caso esteja livre. Mas se você estiver se sentido culpado por ter se excedido na alimentação durante a semana, existe a possibilidade de ouvir a pergunta como uma crítica velada. Se seu chefe lhe pergunta o que planeja fazer nas férias e você está se sentindo culpado por conta de alguns relatórios incompletos, é possível que ouça a pergunta como uma reprimenda, e por aí vai.

Por consequência, reagimos exageradamente a essas perguntas. Ficamos constrangidos e, como isso faz com que nos sintamos intimidados, gritamos, atacamos, nos defendemos, pedimos desculpas – enfim, falamos o que não devíamos.

Em situações desse tipo, o melhor a fazer para manter a calma é se afastar – mental e verbalmente – dos porquês. Não pergunte ao outro e não pergunte *a si mesmo* por que ele está questionando determinada coisa. Além disso, não presuma nada. Em vez disso, atenha-se aos fatos. "Pensei em ir à academia. O que você vai fazer?", ou "Vou visitar meus sogros durante as férias. E você?", etc.

É comum descobrirmos, pelas reações dos interlocutores, que as perguntas eram, na verdade, tão inocentes quanto pareciam – e que éramos nós que estávamos atribuindo a elas um significado adicional. Por outro lado, se as pessoas tiverem mesmo insinuado outras coisas, cabe a elas então reformular as perguntas de modo mais direto.

Se você quiser, pode assumir a responsabilidade de fazer isso, dizendo algo como: "Acho que o que você queria mesmo me perguntar é X. Ou estou enganado?" Se optar por esse caminho, é importante que, depois de perguntar isso, você realmente *ouça* a resposta do seu interlocutor.

Não é um problema, é uma oportunidade

Como você sabe, boa parte da sua experiência em diferentes situações depende do seu ponto de vista, do seu otimismo ou pessimismo, ou dos rótulos que você aplica a sensações que essas situações despertam, como angústia ou entusiasmo, por exemplo.

"Não é um problema, é uma oportunidade" é uma frase que aprendi na comunidade praticante de ioga ashtanga. Descobri que está na mesma categoria da expressão "copo meio vazio ou copo meio cheio". Em outras palavras, se eu puder manter o equilíbrio depois que algo de ruim acontece para analisar o que estava fazendo de errado, poderei não só ter certeza de que não repetirei o erro como também terei transformado o problema numa oportunidade de melhorar minha compreensão da coisa certa a fazer.

Acho que essa distinção entre problema e oportunidade é útil sobretudo quando estou discutindo com alguém. Se na hora ou depois da discussão chamo isso de problema, é muito menos provável que eu me recupere completamente e numa hora oportuna. Se, contudo, sou capaz de manter o equilíbrio a fim de analisar a discussão como uma oportunidade, aproveito para aumentar meu entendimento da pessoa ou da situação – num caminho em direção a uma comunicação mais clara e autêntica, e uma relação posterior mais profunda e solidária.

Levanto aqui essa questão porque administrar com sucesso uma discordância depende muito da capacidade de manter ou restabelecer a alternância de perguntas e respostas com seu interlocutor. E o fator mais importante para um diálogo bem-sucedido é conservar uma atitude de sincera curiosidade. Se você faz uma pergunta já "sabendo" qual será a resposta, suas chances de resolver o problema são mínimas. Se, contudo, você pergunta com um desejo verdadeiro de adquirir um entendimento mais profundo do ponto de vista da outra pessoa, ou de compreender qual foi sua participação na situação conflitante,

Antibélico? Não. Pacifista.

Diz a lenda que, certa vez, alguém perguntou à Madre Teresa se ela iria a um protesto antibélico. Ela teria respondido que não, mas que participaria de uma marcha pela paz.

Esse tipo de sensibilidade para o poder da linguagem é algo que tento incorporar em todos os aspectos do meu trabalho e do trabalho dos meus clientes.

Recentemente, por exemplo, me envolvi num projeto com um cliente que havia se especializado em produzir programas para a recuperação de viciados em drogas e alcoólatras. Com as palavras de Madre Teresa em mente, tomamos o cuidado de não convidar os interessados a se juntarem à nossa Campanha Antidrogas, e sim a participarem de nosso Movimento pela Reabilitação.

Eu o convido a fazer o mesmo – a avaliar em que situações você pode ter inconscientemente escolhido o negativo e mudar para o positivo. Você vai se surpreender com a mudança de atitude em relação à sua mensagem, tanto sua quanto do seu interlocutor.

por mais doloroso que isso seja, você ficará surpreso ao descobrir como sua relação avançará mais forte e sólida.

Ninguém gosta de ser criticado

Em 1910, Theodore Roosevelt proferiu um discurso na Universidade de Sorbonne, em Paris, em que disse: "Não é o crítico que importa, a pessoa que mostra como alguém erra ou como podia ter feito melhor. Quem merece os créditos é o homem que está no meio da batalha, cujo rosto está sujo de poeira, suor e sangue; aquele que se esforça com valentia..."

Incluí este trecho aqui porque pode ser muito difícil se expor a críticas a respeito de seu trabalho ou de sua imagem. Ainda que na maioria das vezes a pessoa que faz tais questionamentos esteja mesmo em busca de uma resposta sincera, às vezes ela age assim porque pretende dar uma demonstração de sua própria inteligência ou suposta superioridade.

O que fazer numa situação dessas? Antes de mais nada, não finja para si mesmo que isso não é desconcertante e angustiante. Reserve um momento para aceitar esses sentimentos sempre que aflorarem.

Essa decisão tem dois objetivos: primeiro, se você parar para assimilar os sentimentos, será capaz de responder a eles, em vez de reagir. Segundo, se isso ocorrer durante uma reunião ou apresentação, o tempo que você se dará para refletir não passará despercebido pela plateia. Esses segundos de silêncio são incriminadores. Seu crítico será visto como o vilão da história.

Ao responder a uma crítica, você pode optar por dois caminhos. Pode oferecer a outra face ("Percebo que temos opiniões diferentes") ou optar por mencionar à outra pessoa parte do que você está pensando: "É uma pena que você sinta que precise atacar a mim/ao meu trabalho. Acho que esta não é a melhor hora para tratarmos disso. Se quiser conversar sobre o assunto mais tarde, ficarei feliz em discuti-lo." Essa combinação funciona como uma válvula de escape para liberar um pouco do que você possa estar sentindo na hora, além de lhe dar tempo para se reestruturar e pensar em como gostaria de responder.

Ou isto ou aquilo

É comum você se perceber no meio de uma reunião em que, apesar das boas intenções de todos os presentes, a situação insiste em não avançar. Vocês não chegam a um consenso e os critérios para a decisão parecem mudar todas as vezes que são discutidos.

Nessas horas, descobri que o jeito mais rápido de manter o foco é dar às pessoas algo para se opor, em vez de continuar a fazê-las falar. Se você está num comitê organizador de uma festa, por exemplo, em vez de dizer "Que tipo de canapés acham que deveríamos servir?", pergunte "Vamos servir canapés frios ou quentes?". Depois que deliberarem sobre isso, a pergunta "Quantos de cada?" se transforma em "Três de cada ou quatro de cada?", e assim por diante.

A mesma técnica pode ser útil quando alguém lhe faz uma pergunta tão genérica que você fica sem saber ao certo o que lhe foi perguntado. Em vez de contra-atacar com "Não estou entendendo sua pergunta", você pode dizer: "Acho que o que você está me perguntando é X. Estou certo?"

Se estiver certo, siga em frente. Caso contrário, pelo menos agora você diminuiu o alcance da pergunta.

E se...?

Já fui acusada algumas vezes de "apressar a resolução" por querer saber como uma situação acabará ainda no meio do processo. Para mim, isso desperta a necessidade de fazer centenas de perguntas do tipo "E se X acontecer?", ou "Mas e depois que Y acontecer?".

Apesar do preço que meus amigos e minha saúde mental pagam por isso, não há muito problema em agir assim num contexto pessoal. Já num contexto profissional, pode ser fácil provocar um desastre.

Exemplos: você está conversando com sua equipe de vendas e alguém lhe diz algo como "E se o nosso produto não atrair as pessoas?", ou você está falando com um repórter e ele pergunta: "E se o presidente da sua empresa decidir abandonar o barco?" Se essas questões não fizerem parte de sua preparação prévia para as "três piores perguntas", você não deverá tentar respondê-las de improviso.

Procure deixar claro que a pergunta nada mais é que uma hipótese. "Não estamos discutindo hipóteses, e sim a realidade. E a realidade é que..." A partir daí, volte para sua mensagem principal.

Se o vendedor ou jornalista não recuar, recomendo que você dê a seguinte declaração: "Não farei especulações sobre X, Y e Z." Note como a frase foi formulada. Se você disser "Não estou disposto a fazer especulações", a outra pessoa poderá entender que você também está nervoso diante daquela situação ou que está escondendo alguma coisa. "Não farei" é forte o bastante para

"Seja um termostato, e não um termômetro"

Esta frase foi tirada do livro clássico sobre comunicação de Roger Ailes, *You Are the Message* (Você é a mensagem). Descobri que é uma "imagem verbal" muito útil quando os clientes estão preocupados com sua capacidade de manter o equilíbrio em situações conflituosas.

Significa que, quando uma pessoa tentar aumentar o calor da discussão com perguntas ou afirmações maliciosas, você não deverá reagir à altura. O que ela diz é problema dela, mas como você responde é problema seu – e você deve manter a temperatura em níveis agradáveis.

encerrar a discussão, passar confiança sobre a situação, além de permitir que em seguida você fale algo como: "O propósito da reunião de hoje é X."

"O tolo desconfia, o sábio pergunta"

A citação acima é do ex-primeiro ministro britânico Benjamin Disraeli. Para mim, o equivalente moderno mais próximo seria: "A única pergunta idiota é aquela que não foi feita."

Ainda que às vezes possa ser extremamente difícil admitir que você não sabe quem é tal pessoa, o que é determinado assunto, como se pronuncia tal palavra, como se faz tal coisa, etc., você tem muito mais chance de ser respeitado e, o mais importante, de aprender algo novo se estiver disposto a perguntar.

Dito isso, como se sentir mais à vontade fazendo perguntas?

- Primeiro: não confunda ignorância com estupidez. Só porque você não sabe como conjugar os verbos em francês ou quais são as boas peças em cartaz não significa que não domine várias outras habilidades e campos do conhecimento.
- Segundo: este argumento é uma consequência natural do primeiro. Não peça desculpas por sua ignorância. Todos temos a tendência de fazer isso, o que não é bom nem para nós nem para nosso interlocutor. Ao contrário, quando pedimos desculpas, desviamos a atenção da resposta à pergunta para massagearmos o ego um do outro. Apenas pergunte. Se seu interlocutor demonstrar surpresa diante da sua falta de conhecimento, não a alimente. Concorde e diga: "É, não sei mesmo. Poderia me explicar?"
- Terceiro: lembre-se de que todo mundo gosta de exibir conhecimento. Ainda que seu chefe, seu colega ou sua namorada possam se surpreender com o fato de você não saber alguma coisa sobre determinado assunto, essa surpresa

será rapidamente substituída pela satisfação de estarem assumindo o papel de experts.

Se a ideia de admitir que você não sabe algo ainda o intimida, faça perguntas em ambientes mais seguros primeiro. Vá, por exemplo, a um restaurante que sirva pratos que você não conhece e peça informações sobre todos os itens do cardápio que nunca provou. Ou vá a uma loja especializada em artigos para um hobby com o qual você não está familiarizado – tênis, xadrez, pescaria – e pergunte aos vendedores tudo o que imaginar sobre os produtos expostos.

As pessoas podem ser confusas. Fazer perguntas é vantajoso para todos.

Tudo com moderação

Ao longo dos anos, tive clientes que foram convidados para servir como moderadores em conferências, debates, etc., na área de

Nada é confidencial

Embora seja difícil imaginar uma situação na qual você esteja conversando com um repórter antes de realmente estar vivenciando isso, é essencial notar o seguinte: a despeito de quaisquer garantias que os jornalistas possam lhe dar, não existe esta coisa de "só entre nós" quando você está respondendo às perguntas deles.

Minha intenção ao afirmar isso não é denegrir a integridade dos jornalistas. Embora alguns jornalistas possam, de fato, manter sua afirmação entre vocês, não vale a pena correr o risco. E ainda que você possa contratar um advogado e contestar o que foi divulgado, é muito mais fácil se precaver para não se colocar numa situação dessas. Mesmo que você tenha uma fita ou uma transcrição da entrevista, ou mesmo que faça anotações fiéis que demonstrem a veracidade do que foi dito, a questão toda se transforma numa disputa da sua palavra contra a deles – e a palavra deles já foi impressa.

atuação deles. Ao ler isto, você pode estar cogitando pular esta seção, pensando que ela não se aplica à sua realidade. Antes de fazer isso, porém, pense em quantas vezes você foi, basicamente, o moderador em eventos familiares como almoços, organização de casamentos e funerais, ou ainda durante discussões entre parentes. É por isso que acho que é importante que todos tenham habilidade para atuar como moderadores, já que boa parte desse talento se resume em fazer com facilidade a pergunta certa para a pessoa certa na hora certa.

Antes, contudo, você precisa preparar o terreno.

Uma das primeiras coisas que digo aos meus clientes é que um bom moderador é, em essência, um bom anfitrião. Quando você está dando um jantar comemorativo, procura apresentar os convidados uns aos outros. Do mesmo modo, quando está agindo como um moderador, precisa se certificar de que cada um dos debatedores foram apresentados uns aos outros antes do evento e à plateia quando o debate começa. Se você notar que durante seu encontro de família um parente está excluído da conversa, seu trabalho é incluí-lo. Quando você é o moderador, precisa fazer o mesmo com um debatedor que esteja sendo ignorado.

Ao organizar um casamento ou funeral, a intenção – seja ela celebrar o futuro do casal ou homenagear a vida da pessoa que faleceu – fica clara para os convidados desde o início. Ao moderar um debate, a intenção costuma ser menos clara, por isso é importante mencioná-la logo de início. Por exemplo: "Espero que tenhamos um debate produtivo e interessante."

É importante estabelecer essas intenções, explícita ou implicitamente, no começo do evento porque, caso seus colegas organizadores ou debatedores deem início a uma discussão acalorada, você pode acalmá-los repetindo a intenção daquele encontro. Por exemplo, "Estamos todos aqui pelo mesmo motivo – porque amamos Fulano" é uma frase que tenho certeza de que muitos de nós ouvimos em brigas familiares. "O propósito desta noite é que todos ouçam e sejam ouvidos" é um modo de pôr panos quentes na discussão durante um debate.

Se de repente você se vir em meio a uma briga de família ou a um debate tenso, fazer perguntas que afastem a conversa dos detalhes e que se atenham ao processo acalmará os ânimos. "Vamos voltar à organização dos lugares. Você acha que deveríamos colocar Fulano perto do pai de Sicrano?" pode interromper uma briga a respeito de quem fez o que para quem em 1984. "Voltando ao tema – inovação na indústria. Quem vocês admiram como uma pessoa inovadora?" vai ajudá-lo a trazer os debatedores de volta ao tema do encontro.

E, caso a festa ou evento pareça estar se transformando num inferno, recomendo que você pergunte: "Com o que todos concordamos?"

"Erros foram cometidos"

Esta frase era muito usada por um ex-cliente que foi à falência. E estou convencida de que isso aconteceu justamente por causa desse uso excessivo. Ele se recusava a assumir a responsabilidade por qualquer erro, mal-entendido ou equívoco da sua empresa.

Essa falta de responsabilidade é algo que vejo acontecer com muita frequência, mas trata-se de um tipo de abordagem que precisa ser combatido. Posso dizer com conhecimento de causa que as pessoas que estão dispostas a assumir a responsabilidade por seus próprios erros ou pelos erros de seus departamentos são mais capazes de conter o estrago do que as que tentam acobertar seus atos.

Deixe-me lhe dar um exemplo da minha própria vida. Quando eu trabalhava no mercado editorial, uma autora de sucesso morreu. Na confusão que se seguiu a isso, autorizei a capa do livro novo da escritora sem consultar o espólio. Quando a agente e os representantes do espólio viram a capa, ficaram desolados.

Tinham certeza de que a autora odiaria aquela capa. É claro que eu deveria tê-los consultado e que aquele erro era todo meu. E com certeza teria sido mais fácil para mim culpar a morte da escritora e a confusão que se seguiu a isso por minha decisão. Mas não foi o que fiz. Minha atitude foi ir até o presidente da empresa e dizer: "A culpa é toda minha. Pagarei pela nova capa e pelas taxas de urgência, etc., do meu próprio bolso."

O resultado disso? A agente me ligou uma hora depois e me parabenizou por ter assumido meu erro. A partir desse instante, o incêndio foi controlado.

Quando há um problema em minha vida, tento me perguntar imediatamente: "Qual é a minha parcela de culpa nisso?" O resultado inevitavelmente é uma melhora na comunicação e uma recuperação mais rápida. No caso dos meus clientes, exijo a mesma responsabilidade. Se eles não estiverem dispostos a reconhecê-la, não será possível trabalharmos juntos.

O melhor disso é que meus clientes descobrem, como eu descobri, o alívio que é fazer a coisa certa, até porque as manobras ocultas necessárias para se esquivar da responsabilidade são mental e fisicamente exaustivas. O bônus é que assumir a culpa economiza tempo e protege nossa reputação.

Batendo em retirada

É comum se deparar com uma situação na qual, apesar de todo o seu esforço para compreender e se solidarizar com os sentimentos de alguém, não há nada que você possa dizer para aliviar a tensão ou apaziguar o autor da pergunta ou da alfinetada. Não importa como tente resolver a questão, ele tem uma réplica furiosa ou uma observação sarcástica. Nessas horas, descobri que a única maneira de lidar com a situação é bater elegantemente em retirada. Em geral, contudo, é o tipo de coisa muito mais fácil de dizer do que de fazer.

Quando as coisas chegam a esse ponto, a melhor estratégia para mudar de assunto ou encerrar a conversa é dizer uma frase que roubei do livro *A arte de entrevistar*, de Barbara Walters: "Você obviamente pensou muito sobre o assunto e foi interessante ouvir suas opiniões."

EM RESUMO:

- Quando estiver em dúvida em relação à intenção de uma pergunta, peça esclarecimentos. Ouça a resposta com interesse.
- A escolha cuidadosa das palavras é fundamental para controlar e resolver situações críticas.
- Pense em discussões como oportunidades para aumentar a compreensão e melhorar a comunicação.
- Para evitar reagir a uma pergunta hostil ou irritante, faça uma pausa. Depois, use sua melhor resposta previamente planejada.
- Quando lhe fizerem uma pergunta confrontadora, permita-se um instante para sentir as emoções que a pergunta despertar. Esse tempo o ajudará a responder e não reagir.
- Se você estiver com dificuldade para chegar a um consenso, ofereça opções às quais as outras pessoas possam se opor.
- Afirme que perguntas com "E se...?" são hipotéticas. Responda com "O fato é...".
- Pessoas podem ser confusas. Fazer perguntas, ainda que às vezes pareça incômodo, é vantajoso para todos.
- Como moderador, seja inclusivo, peça esclarecimentos quando for necessário e redirecione o assunto quando for preciso.

- Assumir a responsabilidade pessoal é obrigatório quando questões difíceis precisam ser solucionadas.
- Às vezes não há uma resposta certa. Nessas horas, recorra a: "Você obviamente pensou muito sobre o assunto e foi interessante ouvir suas opiniões."

Bibliografia recomendada

AILES, Roger. *You are The Message: Getting What You Want by Being Who You Are.* Nova York: Currency/Doubleday, 1988.

ARMSTRONG, Alison A. *Keys to the Kingdom.* Sherman Oaks: PAX Programs, 2003.

GLADWELL, Malcolm. *Blink: a decisão num piscar de olhos.* Rio de Janeiro: Rocco, 2005.

___________. *O ponto da virada.* Rio de Janeiro: Sextante, 2009.

HUMES, James C. *Speak Like Churchill, Stand Like Lincoln: 21 Powerful Secrets Of History's Greatest Speakers.* Roseville: Prima/Crown Publishing, 2002.

JONES, Judy e WILSON, William. *An Incomplete Education.* Nova York: Ballantine Books, 1995.

LADINSKY, Daniel. *The Gift: Poems by The Great Sufi Master.* Nova York: Arkana/Penguin, 1999.

LAMOTT, Anne. *Bird by Bird: Some Instructions on Writing and Life.* Nova York: Anchor Books, 1994.

MATTHEWS, Chris. *Hardball.* Nova York: Free Press, 1988.

MORGAN, Adam. *Eating the Big Fish: How Challenger Brands Can Compete Against Brand Leaders.* Nova Jersey: John Wiley, 1999.

MCKEE, Robert. *Story: substância, estrutura, estilo e os princípios da escrita de roteiro.* Curitiba: Arte e Letra, 2006.

NHAT HANH, Thich. *Paz a cada passo.* Rio de Janeiro: Rocco, 1993.

PRESSFIELD, Steven. *A guerra da arte.* Rio de Janeiro: Ediouro, 2005.

PATTERSON, Kerry; GRENNY, Joseph; MCMILLAN, Ron; SWITZLER, Al. *Conversas decisivas.* Rio de Janeiro: Campus, 2003.

RAMANAMAHARSHI, Sri; GODMAN, David. *Be as You Are: The Teachings of Sri Ramanamaharshi.* Nova York: Arkana/Penguin, 1989.

RICKS, Thomas E. *Making the Corps*. Nova York: Touchstone/Simon and Schuster, 1997.

SILBIGER, Steven. *MBA em 10 lições*. Rio de Janeiro: Campus, 1993.

INFORMAÇÕES SOBRE OS PRÓXIMOS LANÇAMENTOS

Para receber informações sobre os lançamentos da Editora Sextante, basta cadastrar-se diretamente no site www.sextante.com.br

Para saber mais sobre nossos títulos e autores, e enviar seus comentários sobre este livro, visite o nosso site www.sextante.com.br ou mande um e-mail para atendimento@esextante.com.br

Editora Sextante
Rua Voluntários da Pátria, 45 / 1.404 – Botafogo
Rio de Janeiro – RJ – 22270-000 – Brasil
Telefone: (21) 2538-4100 – Fax: (21) 2286-9244
E-mail: atendimento@esextante.com.br